De Bagdá,
com muito amor

Tenente-coronel Jay Kopelman
com Melinda Roth

De Bagdá, com muito amor

Um soldado e um cachorro na Guerra do Iraque

Tradução
S. Duarte

2ª edição

BestSeller

CIP-BRASIL. CATALOGAÇÃO-NA-FONTE
SINDICATO NACIONAL DOS EDITORES DE LIVROS, RJ.

K86d Kopelman, Jay
2ª ed. De Bagdá, com muito amor / Jay Kopelman com Melinda Roth; tradução Sérgio Duarte. - 2ª ed. - Rio de Janeiro: Best*Seller*, 2007.

Tradução de: From Baghdad, with love
ISBN 978-85-7684-000-8

1. Kopelman, Jay. 2. Iraque, Guerra do, 2003 — Narrativas pessoais americanas. 3. Cão — Iraque. I. Roth, Melinda. II. Título.

07-0374 CDD: 956.70443
CDU: 94(567)"2003"

Título original norte-americano
FROM BAGHDAD, WITH LOVE

Capa: Sense Design
Editoração eletrônica: Abreu's System
Preparação de originais: Adeliz Ferreira

Impresso no Brasil

ISBN 978-85-7684-000-8

Para "Sam",
Com votos de liberdade e paz

Prólogo

Novembro de 2004

Primeira semana da invasão de Faluja, Iraque, pelos Estados Unidos

"E havendo lançado fora o homem,
pôs querubins ao oriente do Jardim
do Éden, e uma espada inflamada
que andava ao redor, para guardar
o caminho da Árvore da Vida."

Gênesis, 3:24

Em uma casa abandonada na parte nordeste de Faluja, soldados do Primeiro Batalhão do Terceiro Regimento de Fuzileiros Navais — conhecidos como "Cães da Lava" — param e ficam imóveis ao ouvir uma série de estalidos que vêm de um quarto onde ainda não entraram.

Pinos de granada?

A maioria das mortes de militares em Faluja durante a primeira semana da invasão norte-americana aconteceu dentro de casas como essa — os rebeldes se escondem nos pavimentos superiores e atiram granadas contra os fuzileiros que sobem. Há muitos feridos, atingidos na cabeça e no rosto, e mesmo que os Cães da Lava se considerem um dos grupos de fuzileiros mais durões — o nome foi escolhido por eles mesmos, devido às pontudas pedras vulcânicas do campo de treinamento no Havaí —, o fato de pertencer àquele batalhão não oferece um escudo contra os caprichosos efeitos de uma granada. O importante é ter cuidado. Ficar alerta. Ter a arma carregada e travada ao dobrar qualquer esquina. Todo cuidado é pouco.

Tec, tec. Tec, tec. Tec, tec... Tec, tec.

Se uma granada explode em seu rosto, pelo menos você parte da Terra na coordenada mais próxima do céu, segundo o GPS. O Iraque é considerado pela maioria dos arqueólogos bíblicos o local onde ficava o Jardim do Éden — a única reprodução fiel do céu feita por Deus, o paraíso sobre a Terra. Mas não é preciso preparar desculpas ao chegar lá, porque ali, naquela zona de conflito, é muito difícil perceber a diferença entre o bem e o mal. Tanto faz que você creia em Abraão, Maomé ou Jesus; foi ali que tudo começou e foi ali que tudo desandou.

No início, contudo, a região tinha bom potencial de marketing, pois foi a terra de Abraão, da Torre de Babel e da construção da Babilônia, além de ser a terra onde primeiro surgiram a agricultura, a escrita, a roda, o zodíaco, a teoria jurídica, a burocracia e a urbanização. Desde o começo, todos queriam um pedaço daquela terra, que passou dos mesopotâmios aos sumérios, em seguida aos acadianos, ao Império de Ur, aos babilônios, aos assírios, aos persas, aos gregos, aos árabes, aos mongóis, aos turcos e aos britânicos.

Nenhuma dessas conquistas foi feita com gentileza. Quando Saddam Hussein chegou à terra do leite e do mel, ela já havia sido conquistada, saqueada, derrotada e violentada por tantas culturas, durante tanto tempo, que pouco restava dela a não ser um grande deserto cobrindo uma quantidade enorme de petróleo. Isso e as reivindicações do povo local, que vive próximo aos rios Tigre e Eufrates, de que o Jardim do Éden e sua

Árvore da Vida ficavam justamente no centro de sua cidade. Eles ergueram um muro em torno do lugar, construíram o Hotel Jardim do Éden e o turismo prosperou durante algum tempo. Depois vieram os norte-americanos e, como o pessoal que morava por ali apoiava a invasão, Hussein drenou a água. Em pouco tempo, a Árvore da Vida morreu, os membros do Conselho Supremo da Revolução Islâmica no Iraque ocuparam o Hotel Jardim do Éden e a frase "Morte aos americanos" foi pichada em todas as paredes do paraíso.

Tec, tec. Tec, tec. Tec, tec. Tec, tec.

Talvez uma bomba-relógio.

Se essa terra foi o paraíso, os fuzileiros não estão apostando suas fichas no inferno. Do lado de fora do prédio que está sendo revistado, helicópteros armados patrulham do céu, em busca de rebeldes escondidos, enquanto viaturas blindadas percorrem o que resta das ruas. Qualquer veículo na cidade é um alvo, por causa do risco de bombas. Todo fio solto é suspeito. Todos os prédios são revistados, e as palavras Jihad, Jihad, Jihad estão pintadas em todas as paredes.

Durante os primeiros dias da invasão de Faluja, os fuzileiros encontraram depósitos de armas, coletes para homens-bomba e grande quantidade de heroína e anfetamina, aparentemente usadas para estimular a coragem dos suicidas. Encontraram cadáveres de combatentes vindos da Chechênia, da Síria, da Líbia, da Jordânia, do Afeganistão e da Arábia Saudita. Entraram em matadouros humanos, com ganchos pendurados no teto, máscaras negras, facas, esteiras ensangüentadas e vídeos que mostram decapitações. Libertaram prisioneiros acorrentados, enlouquecidos de medo.

Faluja, próximo ao centro de onde tudo tinha começado, é agora uma cidade isolada do restante do mundo, habitada somente por franco-atiradores e cães vadios que devoram os mortos.

Tec, tec. Snif, snif. Tec, tec.

Os Cães da Lava cerram os dentes e seguram firme as armas, recordando as instruções: cobrir áreas perigosas, abaixar-se, mover-se furtivamente, estar preparado para improvisar e eliminar as ameaças.

Snif. Snif. Tec. Tec. Tec. Snif. Snif.

Um rebelde amarrando uma bomba ao próprio corpo?

Eles deviam primeiro limpar aquele quarto com uma granada — simplesmente jogá-la e deixá-la fazer o trabalho sujo. Mas, em vez disso, pelos motivos ainda obscuros da guerra, do medo e do destino das coisas, encostam-se nas paredes dos dois lados da porta e preparam as armas para atirar.

Em seguida, enfiam os canos dos fuzis pela abertura, assumem posição de combate e apontam na direção dos ruídos, enquanto o alvo corre para o outro lado do quarto.

— Mas que merda...!

O cachorrinho se volta ao ouvir as vozes e os encara.

— Que diabo...?

Vira a cabeça, procurando compreender a intenção, e não tanto as palavras.

— Deve ser brincadeira.

O cãozinho solta um latido fino e saltita, contente, com as unhas fazendo *tec, tec* no chão, porque parece que, finalmente, alguém o encontrou.

Primeira Parte

"Com dor comerás dela
todos os dias da tua vida."

Gênesis, 3:17

CAPÍTULO 1

Novembro de 2004

Faluja

NÃO LEMBRO EXATAMENTE quando cheguei à casa que serve de posto de comando no setor noroeste de Faluja, e também não lembro exatamente como cheguei lá. Isso aconteceu poucos dias depois que os Cães da Lava chegaram e se instalaram no posto. Até aí lembro, e também lembro que depois de quatro dias desviando de franco-atiradores, dormindo no chão e patrulhando as ruas de Faluja com soldados iraquianos, de olhos arregalados, em treinamento, que atiram em tudo o que se move, inclusive nos próprios coturnos, fui até o prédio com a sensação de haver escapado de me render ao lado errado do Além.

Lembro-me de que estava exausto — o cansaço pesava mais do que a mochila de 25 quilos que eu carregava — e entrei pela porta da frente tirando das costas tudo o que podia. Pensava somente em dormir.

Foi quando vi Lava pela primeira vez. Mas isso não quer dizer que entrei e vi um cachorrinho gorducho enroscado num cobertor limpo, parecendo um carneiro. Não havia brinquedos que guinchavam, nem latidos esganiçados, nem olhos azuis-acinzentados que me fitassem com sincera inocência.

Em vez disso, de repente algo rola em minha direção como se viesse do nada, lançando tanta adrenalina em meu sistema nervoso que salto para trás e bato numa parede. Uma bola peluda, não muito maior do que uma granada, desliza pelo chão, freia de repente junto de meus coturnos e começa a girar em círculos à minha volta, como um brinquedo de corda. Aquilo me assusta, é claro. Por estar cansado e inquieto, qualquer coisa que se aproxima de mim me dá nos nervos; por isso me afasto da parede e pego o fuzil, embora perceba que é apenas um cãozinho.

Bem, antes de me xingar por apontar uma arma para um filhotinho encantador, lembre-se de que eu acabei de chegar das ruas. Lá fora a situação é de arrepiar, como se uma praga, um dilúvio ou a poeira de um ataque atômico tivesse invadido tudo. A maioria dos habitantes da cidade fugiu antes do ataque liderado pelos Estados Unidos, e o silêncio depois do bombardeio é tão penetrante que até mesmo um jornal soprado pelo vento faz os nervos rangerem, clamando por um abrigo seguro.

No dia anterior ao início da ofensiva, despejamos folhetos sobre a cidade para avisar aos poucos habitantes remanescentes que estávamos a caminho, mas os rebeldes reagiram dizendo que haviam preparado centenas de carros-bomba, armadilhas explosivas e homens-bomba nervosos prontos para morrer. Já tinham cavado sepulturas no cemitério da cidade para os mártires.

Nos dias que antecederam nossa marcha até a cidade, nossos aviões bombardearam Faluja com fogo de artilharia, foguetes e bombas. O céu estava tão congestionado que os caças tinham apenas três minutos para lançar a carga e evacuar antes que outro caça mergulhasse. Muitas centenas de quilos de ogivas de 105 milímetros e munição de 25 e 40 milímetros explodiram em Faluja naquela noite, com o impacto de meteoros vindos de várias galáxias de distância. O bombardeio aéreo foi tão espetacular que eu e os mais de 10 mil fuzileiros que esperavam nos arredores da cidade para avançar duvidamos que qualquer pessoa pudesse sobreviver. Mas muitos conseguiram, e agora que estamos na cidade o fogo dos franco-atiradores cai sobre nós vindo do nada, como gritos de fantasmas.

Por isso, quando aquela coisa inesperada, aquele bichinho, rola em minha direção, naquele lugar estranho, trato de pegar minha arma. Devo ter gritado ou feito algo parecido, porque, ao som de minha voz, o cachorrinho me olha, ergue o rabo e começa a rosnar alguma coisa que em língua de cachorro deve ser "Estou pronto para dar um chute na sua bunda".

Os pêlos em volta do pescoço se eriçam, como se ele quisesse ficar maior, e depois ele começa a rosnar em tom belicoso, saltando com as patas esticadas.

Bato com o coturno no chão para ver se ele fica quieto, mas o cachorrinho não se importa e intensifica o rosnado, que sai de seus pulmões em *staccato*.

— Ei.

Penduro o fuzil no ombro e me curvo. O cãozinho salta para trás no ritmo de seu rosnado, mas não tira os olhos de mim.

— Ei. Fique quieto.

Ele parece um ursinho panda e, ao soltar o último rosnado, estende o focinho para cima até que as patas dianteiras saiam do chão.

Apesar do ar de desafio, há medo em seus olhos. É apenas um bebê, muito novinho para saber disfarçar o medo. Logo noto a bravura e o terror o envolvendo por todos os lados, enquanto testosterona e adrenalina disputam toda a sua atenção. Percebo isso rapidamente.

Enfio a mão no bolso, *grrr*, tiro um projétil, *grrr*, e o estendo para ele na esperança de que pense que é comida. O cachorrinho pára de rosnar e vira a cabeça, o que faz com que eu me sinta um manipulador, e um sábio também.

— Bom garoto.

Ele fareja o ar acima da cabeça, sem encontrar nada, e em seguida aponta o focinho para o projétil. Aquilo desperta seu interesse e ele se curva para a frente, a fim de cheirar melhor o metal. Isso me surpreende até notar minhas mãos imundas, quase negras — depois de uma semana sem lavá-las —, e perceber que ele está cheirando a sujeira e a morte entranhadas em minha pele.

Curvo-me para a frente, mas o medo o domina e ele sai correndo pelo corredor.

— Ei, volte aqui.

Fico parado e o vejo chocar-se contra a parede. Franzo a testa, deve ter doído, mas ele se levanta, sacode o corpo e sai correndo de novo.

— Ei, venha cá!

O cãozinho pára, olha para mim, de orelhas em pé, o rabinho girando rapidamente, a língua cor-de-rosa pendurada no canto da boca, como se estivesse enlouquecido. Percebo que ele quer que eu corra atrás dele, como se compreendesse que foi enganado, porém tivesse vergonha de confessar, e então disfarçasse com aquela cara de "nunca tive medo de você". Também conheço essa.

Ele salta em círculos com aquelas patas quase do tamanho da cara, bate de novo na parede e ricocheteia, meio tonto. Fico hipnotizado por aquela coisinha. Só de observá-lo me esqueço de todo o resto, então o ergo do chão com uma das mãos e finjo que não notei sua colisão com a parede.

— Você é durão, hein?

Ele cheira a querosene.

— Qual é a loção de barba que você usa?

Noto que seu peso é menor do que o de uma garrafinha de meio litro de água, enquanto ele se contorce para lamber meu rosto enegrecido pelos resíduos de explosivos, fuligem de casas destruídas pelas bombas e pó do chão em que precisei me jogar inúmeras vezes para me proteger.

— De onde você veio?

Sei muito bem de onde ele veio e também para onde vai. Já vi isso antes: fuzileiros baixando a guarda e fazendo amizade com nativos — moças bonitas, crianças, bichinhos peludos e sei lá o quê. Não é permitido. Segurando o rapazinho durão que parece ter acabado de sair de uma caixa debaixo da árvore de Natal, trato de raciocinar com frieza.

Não é permitido, Kopelman.

Mas ele continua a me lamber, remexer-se e retorcer-se para todos os lados, e eu me lembro bem dessa parte porque gostei de senti-lo em minhas mãos, de ver que ele me perdoava por tê-lo assustado, gostei de não me importar se voltaria vivo para casa ou se me sentiria um ser humano depravado — bastava que ele se remexesse em minhas mãos, removendo de meu rosto toda a sujeira.

Capítulo 2

Novembro de 2004

Faluja

Os Cães da Lava me contam que encontraram o pequeno abandonado ali mesmo, quando tomaram o lugar, e que o bichinho ainda está ali porque agora não sabem o que fazer com ele. Como resolveram utilizar a casa como posto de comando e o cachorrinho, de cinco semanas, faminto, já estava lá, ou eles o atiravam à rua, ou o executavam, ou o deixavam de lado para morrer devagar em algum canto. Ouvi todo tipo de desculpa:

"Eu não, meu chapa, não vou fazer isso."

"Não vale a munição."

"Não sou um psicopata, cara."

Em outras palavras, o que tinham visto em Faluja já era suficiente para torturá-los pelo resto da vida; não era preciso mais. Guerreiros, sim — carrascos de cachorrinhos, não.

O bichinho recebeu o nome de Lava e, embora eu prefira dizer que meus criativos camaradas escolheram esse nome por motivos simbólicos — como se o salvando estivessem também salvando a si mesmos —, tenho quase certeza de que eles não conseguiram pensar em outra coisa.

Lava é o mais novo recruta, livre das pulgas com um banho de querosene e dos vermes com fumo de mascar, e alimentado com rações R-2.

Para que vocês entendam como Lava é durão: rações R-2, oficialmente chamadas "Refeições prontas para consumo", são apelidadas de "Refeições prontas para cuspir" e vêm em bolsas esterilizadas que contêm exatamente 1.200 calorias em alimentos, uma colher de plástico e um aquecedor sem chama, uma mistura de magnésio e pó de ferro com sal que fornece calor suficiente para esquentar a comida. No pacote afirma-se que "a restrição alimentar e de nutrientes leva a uma rápida perda de peso, o que acarreta redução de energia, menor resistência, perda de motivação e perda de atenção", o que supostamente nos convence a pelo menos abrir a embalagem para ver o que há dentro.

Lava, porém, devora todas as que consegue, e está aprendendo rapidamente a rasgar as bolsas — que têm validade de três anos e suportam uma queda de pára-quedas de 400 metros ou mais.

O mais interessante, contudo, é que esses fuzileiros, essas máquinas de guerra de elite, bem lubrificadas, teoricamente capazes de matar outro ser humano de cem maneiras diferentes, se transformem em simples mortais na presença daquele ser minúsculo. Fico abismado ao notar um tom vago, esquisito na voz de meus camaradas fuzileiros, um olhar vago, estranho em seus olhos e palavras vagas, esquisitas, que acabam em diminutivos.

"Tinha uma porção de bichinhos agarradinhos no seu pelinho quando encontramos você, sabia? Agora você é um cachorrinho valente. É nosso cãozinho valente ou não é? Sim, é sim, é o nosso bravo cachorrinho."

Todo o tempo Lava sabe que eu o observo e, de vez em quando, me olha de lado para certificar-se de que eu o estou vendo ganhar todos eles.

Os fuzileiros falam com orgulho que o cachorrinho morde seus coturnos, dorme dentro dos capacetes e rói sem parar os fios dos telefones via satélite dos jornalistas, que ficam no telhado. Dizem que ele quase consegue levantar um cinto de munições. E que adora M&M's.

"Alguém deu comida ao Lava hoje de manhã?", grita um deles, e todos os caras respondem: "Eu dei!"

Ele é como um personagem de desenho animado quando aceleramos a imagem, sempre correndo atrás de alguma coisa, mastigando algo, mergulhando de cabeça em algum lugar. Espreita sombras, montes de pó e bolas de papel amassado. É capaz de comer um charuto inteiro em menos de dois minutos e arrastar um colete à prova de balas pelo chão. Aquele merdinha não pára nunca. Quando não está agarrado aos cordões de algum coturno, arrastando-o pelos dentes, está no telhado embolado nos fios ou perdido, choramingando dentro da mochila de alguém.

Não se pode gritar com ele, porque, mesmo que você seja uma máquina de guerra de elite, bem lubrificada, teoricamente capaz de matar outro ser humano de cem maneiras diferentes, ainda assim, será considerado um monstro se gritar com um cachorrinho. Ele é completamente mimado, está sempre aquecido e com seus objetos ao alcance da visão, para que seu ego não seja ferido caso não possa encontrá-los. Achei tudo isso muito patético. No início.

O novo recruta já conhecia as duas regras mais importantes do acampamento militar quando cheguei lá: não mastigar os projéteis e só fazer xixi do lado de fora.

Lava é como um filho de todos. Ele faz com que todos se sintam responsáveis por algo que está além de proteger a pátria e os companheiros, além de ter os miolos estourados ou coisa pior ao longo de tudo isso. Lava lhes dá uma rotina. E, de algum modo, eu me tornei parte disso.

Todas as manhãs damos a Lava frango reidratado Country Captain com macarrão amanteigado e depois saímos do posto para as nossas diversas posições espalhadas pela cidade. Alguns fuzileiros patrulham as ruas, outros revistam prédios à procura de armas. Alguns acabam morrendo e não fazem nada mais depois disso.

Minha missão é patrulhar as ruas com três soldados iraquianos, de olhos arregalados, vestidos com uniformes americanos novos em folha, com camuflagem marrom. Eles agitam os fuzis para todos os lados como se estivessem afastando teias de aranha. A maioria ainda não aprendeu a manter as armas travadas em segurança.

Não são treinados, estão fora de forma e aterrorizados. Integram as Forças Armadas do Iraque (IAF) — bravo codinome para "conquistados e desempregados" — e foram persuadidos pelos Estados Unidos a ajudar a aniquilar os rebeldes em Faluja antes das eleições nacionais.

Alguns dias antes do bombardeio, os novos recrutas iraquianos se apresentaram no Acampamento Faluja, poucos quilômetros a sudeste da cidade, com um entusiasmo bastante promissor. Quando o primeiro-ministro Iyad Allawi fez uma visita-surpresa ao acampamento e os incitou a ser valentes, avançar e "prender os assassinos" em Faluja, os jovens soldados iraquianos gritaram em coro, com um recém-adquirido desejo furioso: "Que vão todos para o inferno!"

Mas a situação se deteriorou rapidamente. Primeiro, construímos para eles um acampamento de barracas do lado de fora da parte murada e segura do acampamento principal. Demos a esse conjunto o nome de Acampamento Iraquiano de Faluja Leste, com a esperança de que o nome e diversos assessores e oficiais de ligação norte-americanos também acampados ali estimulassem a coragem deles. Os soldados iraquianos suportaram tanto os morteiros dos rebeldes lançados contra as suas barracas quanto os bombardeios verbais dos americanos, que tiveram apenas uma semana para prepará-los para a primeira experiência de combate de sua vida. Assim, eles estavam à beira do pânico e, muitas vezes, acordavam no meio da noite atirando a esmo com fuzis destravados. Felizmente, não sabiam mirar.

Também não ajudou nada alguns religiosos influentes do Iraque ameaçarem publicamente os soldados das FAI com a perdição no inferno e o Conselho rebelde que controla Faluja prometer decapitar qualquer um que entrasse na cidade para "lutar contra o próprio povo". Numa declaração pública do Conselho logo antes de nosso ataque, os rebeldes afirmaram: "Juramos diante de Deus que os enfrentaremos nas ruas, entraremos em suas casas e os mataremos como carneiros."

Mais de duzentos soldados iraquianos "deram baixa" e outros duzentos entraram "de licença". Minha função, então, é servir de babá para os poucos que ficaram.

Certa tarde, mais ou menos uma semana depois da chegada ao posto, alguns outros fuzileiros patrulham comigo uma das ruas principais em companhia dos soldados iraquianos. Estamos em frente a uma mesquita. Todos estão com os olhos arregalados, sacudindo as armas, e eu, fora de mim com o que está acontecendo à nossa volta — mas não posso perder o controle porque sou o exemplo do que eles devem fazer, ser e sentir. Todos estão tão descontrolados que seriam capazes de atirar em mim ou nos outros fuzileiros por acidente. Imagino então que o melhor é fazer com que tenham mais medo de mim do que das ruas — isto é, fazer com que esqueçam as ruas por alguns instantes. Por isso, começo a gritar.

"Parem com essa merda."

E continuo aos gritos.

"Travem as armas."

E eles continuam a olhar para um lado e apontar os fuzis para outro.

"Eu *mandei* parar com essa merda!"

E então, noto que eles sentem um outro tipo de medo que eu não entendo, e um dos outros fuzileiros, não lembro quem, Tim O'Brien, Dan Doyle ou Mark Lombard, sugere:

— Não os trate assim, cara, eles não entendem inglês.

E, com isso, estraga completamente o meu show.

— Bem, é melhor que aprendam rápido — respondo. Mas paro de gritar e olho para eles.

De repente, alguma coisa passa zumbindo pelo ar e ficamos imóveis. Assim, de repente. Vem não se sabe de onde e explode a poucos metros. Agora estamos correndo. Depressa.

Uma segunda granada surge zumbindo em nossa direção, e eu, pouco a pouco, avalio a situação: alvejados de duas direções; armas pequenas, metralhadora média e granadas; dois homens feridos; os soldados iraquianos correndo para se proteger. Estamos em condições de inferioridade em diversos aspectos.

Vou para trás do capô da viatura blindada para dar ordens aos homens, enquanto Tim O'Brien, na torre de tiro, abre fogo com um MK 19, dando cobertura para que o restante de nós possa se posicionar e reagir ao fogo.

Dan Doyle pega uma arma automática e começa a atirar para sudoeste.

Tim é um alvo perfeito na torre, ainda mais porque seu MK 19 emperra e ele passa a atirar com o M4 — uma versão menor do fuzil de assalto M16A4 — enquanto procura destravar o MK19 e dispará-lo novamente. Mas é Dan quem leva um tiro. O sangue começa a escorrer por trás de sua perna esquerda.

— Dan, entre naquela mesquita! — ordeno, mas ele não me dá atenção e sai correndo para posicionar as viaturas a fim de evacuarmos os feridos, inclusive Mark Lombard, que está espalhando sangue por todo o lugar mas continua reportando por rádio nossa situação.

Balas e fragmentos ricocheteiam no capô do carro, poucos centímetros à minha direita. A perna da calça de Dan está ensopada de sangue.

— Entre naquela mesquita, porra! — grito novamente, mas ele, vejam só, olha para mim e sorri.

— É só um arranhão, cara, só um arranhão.

Duas rajadas antiblindagem atingem o carro e rasgam a armadura de 6mm de espessura como se fossem agulhas entrando na pele. Disparo meu M16A2 e grito para os soldados iraquianos que abram fogo para o sul.

Só que não consigo vê-los. Onde estão? Preciso levar os feridos para um lugar seguro e, quando os vejo, pelo canto dos olhos, deitados imóveis entre dois carros capotados, percebo que estamos sozinhos.

Troco meu M16A2 por uma arma automática de patrulha, mais poderosa, e em seguida corro para a frente da viatura e começo a atirar para o sul. Isso aparentemente inspira um dos soldados iraquianos a levantar a cabeça e dar duas rajadas — usando a mim como cobertura — e depois abrigar-se novamente. É a última vez que vejo qualquer um dos iraquianos durante o fogo que dura trinta minutos.

À noite nos reunimos no posto. Cobrimos as janelas com cobertores e sacos de areia, limpamos as armas e tratamos de ver se Lava tem algo para comer diferente do que jantou na noite anterior.

Chega, então, a hora de arrumar de novo os equipamentos, preparar as armas e nos esgueirarmos até os banheiros móveis no mesmo quarteirão. Nós os chamamos "porta-merda". Um de meus maiores medos durante as semanas que passei naquele posto era a possibilidade de que uma granada me estourasse dentro de um deles.

Se você sobrevive ao trajeto, então pode se deitar para dormir, fumar charutos e comentar os acontecimentos do dia com os outros sobreviventes.

"Encontramos um depósito de armas naquele antigo escritório do Programa Petróleo por Alimentos, das Nações Unidas..."

"Fomos surpreendidos em um beco..."

"Tivemos de transportar os feridos e eles acabaram caindo do carro de combate, na rua, quando fomos atingidos por uma granada ou algo que nem vimos de onde vinha."

Mas não eram páreo para mim.

"Os meus iraquianos resolveram fazer uma sesta durante um tiroteio..."

Enquanto conversamos, Lava sobe por cima de nossos coturnos, destrói pacotes de M&M's e pisoteia os cobertores, para saqueá-los.

"Lá fora eles não fazem idéia..."

O cachorrinho encontra meu colo e se senta entre minhas pernas cruzadas, observando os outros fuzileiros.

"Quer dizer, como é que os chefões lá na capital querem que essa gente tome conta de seu país se nós estamos fazendo tudo para eles?"

Desamarro meus coturnos e Lava morde os cordões.

"Juro que vou dar cabo deles todos acidentalmente, se não se enquadrarem."

Quando tiro o coturno, o cachorrinho agarra o cordão e puxa. Eu puxo também. Ele rosna. Eu rosno também.

"Qual é a desse cachorro, afinal? O que vocês planejam fazer com ele?", pergunto.

Ninguém responde. Um dos fuzileiros boceja, se espreguiça e diz que vai dormir. Outros resmungam. Lava sai de meu colo, anda em círculos, deita-se e adormece com o nariz enterrado em meu coturno vazio.

Enquanto isso, nas ruas lá fora, as equipes de operações psicológicas passam com os alto-falantes berrando músicas da banda AC/DC e de Jimi Hendrix, com efeitos sonoros adicionais de bebês chorando, mulheres gritando, gatos miando e cães uivando, na esperança de destruir os nervos dos rebeldes. Transmitem insultos em língua árabe, inclusive "Vocês atiram como pastores de cabras" e "Vamos ver se todas as ambulâncias de Faluja têm combustível suficiente para recolher todos os cadáveres dos *mujahedins*", e tudo isso, junto com os morteiros, granadas, o incessante ronco dos motores dos carros de combate e vinte tipos diferentes de aeronaves passando em diferentes altitudes por cima da cidade — como helicópteros, caças e pequenos aviões não tripulados lançados a ar comprimido que varam o céu transmitindo para a base imagens de câmeras de vídeo automáticas —, cria uma espécie de ruído amortecedor que nos permite dormir profundamente durante a noite.

Acho que eles não quiseram responder à minha pergunta sobre Lava naquela noite porque, assim como tudo o mais em Faluja durante a invasão, só valia a pena pensar nas coisas imediatas. Na verdade, não dava para pensar em nada que não fosse o que estava diante dos olhos, bem atrás de você ou na próxima esquina. O futuro não ia além de um quarteirão da cidade. Sonhávamos com granadas que não atingiam o alvo. Nosso objetivo de vida já estava alcançado se conseguíamos retornar ao posto, à noite.

Portanto, provavelmente os rapazes estavam mais ignorando o assunto do que o evitando. Simplesmente não dava para encarar a verdade. Porém, meu Deus, quando um cachorrinho escolhe os coturnos da gente para dormir, é natural começar a pensar em como ele vai morrer.

Desde 1992 sou fuzileiro naval, transferido da marinha, e sabia que aquele camaradinha ia morrer. Soube disso imediatamente quando o vi no corredor — *Esse não vai conseguir* —, assim como poderia olhar para um dos rapazes e dizer *Esse não vai conseguir porque tem um tique* ou *Esse não vai conseguir porque divide o cabelo do lado direito, e não do esquerdo.* Superstições que a gente sabe que não fazem sentido mas que passam pela cabeça mesmo assim. *Esse cãozinho não vai conseguir porque é bonitinho demais.*

Sou ainda tenente-coronel, o que significa que conheço regulamentos militares tão bem quanto qualquer outro e, cada vez que pegava Lava, eles surgiam em meu pensamento como explosões de luz: *Entre as atividades proibidas para os militares das forças armadas, de acordo com o Regulamento Geral 1-A, estão adotar animais de estimação ou mascotes e cuidar ou alimentar qualquer tipo de animal doméstico ou selvagem.*

Capítulo 3

Maio de 2005
Denver, Indiana

Ken Licklider jogou mais algumas roupas na mala e consultou o relógio. Lugar certo, hora certa. Esteja lá. Esse é o truque. Foi assim a vida inteira.

A guerra prosseguia feroz e os negócios iam bem — tão bem, na verdade, que Ken, que já estivera no Iraque e no Afeganistão cinco vezes nos dois últimos anos, não encontrava gente suficientemente qualificada para trabalhar para ele. Esperava que o anúncio em seu site — "Oportunidade para peritos adestradores de cães farejadores de explosivos; trabalho no Iraque e no Afeganistão. Excelente remuneração" — fosse o bastante, mas a observação adicional: "É necessário estar apto a obter credencial de segurança" eliminaria muitos pretendentes.

O que preocupava Ken não era tanto essa observação. Muitas pessoas se candidataram, e um bom número delas seria capaz de conseguir a credencial, mas não era possível deixar qualquer um entrar naquele ramo de atividade, mesmo que precisasse desesperadamente de treinadores. Tinha aprendido isso a duras penas. Desde que abrira o Canil Vohne Liche, em 1993, já havia entrevistado e rejeitado um número de desqualificados muito maior que o normal.

Embora parte de seu êxito resultasse de saber como encontrar bons cães — usava pastores alemães, pastores holandeses, malinois belgas e labradores do mundo inteiro —, o sucesso maior era decorrência de sua capacidade de encontrar bons adestradores. A maioria deles era de ex-policiais militares, especialistas em segurança e policiais civis, gente durona — um deles fora diretor de uma prisão e outro, da polícia secreta, especializado em gangues de motociclistas fora-da-lei —, mas, para trabalhar com ele, tinham de ter a cabeça no lugar. Tinham de levar o treinamento até o fim. Tinham de ter disciplina para adestrar os cachorros, que não eram treinados para atacar por instinto, mas apenas sob ordens definidas e bem direcionadas.

Ele treinava seus farejadores de bombas no Iraque, na verdade, para que "reagissem passivamente", isto é, quando detectassem o odor, o prêmio da loteria, quando encontrassem o que procuraram durante toda a vida, agissem de forma serena, sem se enfurecer e espumar pela boca: simplesmente se sentarem olhando passivamente. Não podiam nem agitar a cauda.

Os adestradores também tinham de ter autocontrole suficiente para transmiti-lo aos cães. Isso era difícil, porque muitos deles eram profissionais maníacos por controle. Aprender a conter esse impulso era como ter de reaprender a atirar.

O mais importante, porém, é que os adestradores que trabalhavam para Ken tinham de amar os cães tanto quanto ele próprio os amava. Como David Mack, coordenador dos programas em Bagdá. Ou Brad Ridenour, ex-estudante que trabalhava no Iraque para a empresa de segurança Triple Canopy. Eram dois sujeitos que compreendiam como lidar com a violência: estudá-la, evitá-la sempre que possível e depois voltar a cuidar do seu cão.

Quem aprendia isso tinha sorte — sorte por cuidar do cão antes de cuidar dos bandidos e sorte por entender que o animal poderia acabar salvando sua vida, de diversas maneiras.

Ken tinha sorte. Na verdade, era um homem abençoado. Tinha começado a trabalhar com cachorros em 1977, como adestrador e tratador da polícia da Força Aérea, e percebeu imediatamente que os cães garantiam a sanidade dos homens. Inicialmente, achou que a concentração necessária a um bom adestrador e tratador exigisse equilíbrio mental, mas, ao longo dos anos — e do trabalho no Serviço Secreto, na segurança de presidentes e personalidades estrangeiras, dos Jogos Pan-americanos e do Papa, com seus cães e adestradores —, Ken aprendeu que era mais do que isso.

Quando você passa toda a carreira no meio da violência, os cães o ajudam a lembrar que ainda é humano.

Ele olhou o relógio uma vez mais.

CAPÍTULO 4

Novembro de 2004

Faluja

ANNE GARRELS DIZ que dorme bem no posto de comando. Pelo menos há um teto sobre sua cabeça e um lugar para montar o equipamento de satélite, ainda que fazer Lava parar de roer os fios seja um dos problemas que surgiram nessa guerra para o qual ela não se preparou adequadamente.

Digo *nessa guerra* porque ela já cobriu algumas outras. Chechênia, Bósnia, Kosovo, Israel, Arábia Saudita, a ex-União Soviética, América Central, a Praça Tiananmen, Paquistão — em qualquer uma delas, lá estava ela.

Anne é uma viagem. Ela é capaz de fumar, beber e dizer palavrões como qualquer um de nós, sabe mais a respeito de guerras do que qualquer um de nós e não dá a mínima para as conseqüências como qualquer um de nós. Agora, o mais estranho: coloque Lava na frente dela e Anne desmorona.

"Ele é adorável", diz ela enquanto o cachorrinho rói seu equipamento de radiotransmissão de milhares de dólares — "simplesmente adorável". E, enquanto isso, ela se transforma na garota da casa ao lado, meiga e feminina, que você de repente preferiria que não fosse casada.

Anne é ainda mais durona do que parece. Quando entrou pela primeira vez na cidade acompanhando as tropas, trabalhando para a Rádio Pública Nacional, a NPR, adida à Companhia Bravo, do Primeiro Batalhão do Terceiro Regimento de Fuzileiros, não tinha saco de dormir porque era mais uma coisa para carregar — seu equipamento de rádio pesava sozinho cerca de 25 quilos. Por isso, dormia no chão, poucos minutos de cada vez, até que as bombas, ou os tijolos que desmoronavam, ou as rajadas dos franco-atiradores a acordassem novamente. Quando se trata de maneiras terríveis de passar o tempo, dormir no chão frio é apenas um pouquinho melhor do que ficar sentado num porta-merda preocupado com a morte, assim, ela só dava de ombros e dizia "É, estou um pouco cansada".

Mas, então, no posto de comando, ela encontra um cocô de Lava dentro de uma de suas meias, seus olhos ficam distantes como se ela fosse chorar, e ela diz "Ele não é uma gracinha?" — e de repente volta a ser a garota adorável da casa ao lado.

Anne não é como os outros repórteres, em geral homens e, portanto, propensos a toda espécie de problemas — e preservar a masculinidade enquanto estão se mijando de medo não é o menor deles. Tenho, porém, de lhes dar crédito. Não vieram para o Iraque vestindo uniformes, e, ainda assim, dia após dia eles nos acompanham, esquivam-se das mesmas granadas, comem as mesmas rações e passam todo tempo rabiscando suas notas ou murmurando nos gravadores, tentando desesperadamente parecer despreocupados.

Mas Anne não. Ela confessa claramente que se sente aterrorizada em Faluja. Se um dos homens confessasse isso, provavelmente daríamos uma risadinha, cuspiríamos para o lado e olharíamos nossas tatuagens dizendo algum palavrão, mas, quando Anne fala, ela ajuda a desanuviar a tensão que todos estamos sentindo. Porque, se essas coisas a intimidam, é sinal de que não somos os covardes enrustidos que secretamente tememos ser.

É como se ela merecesse dizer essas coisas. Passa o dia inteiro seguindo a Companhia Bravo, quarteirão por quarteirão, casa por casa, e atravessa um inferno de armadilhas explosivas enquanto as equipes de operações psicológicas do exército transmitem suas fitas pelos alto-falantes das mesquitas. Depois de algum tempo, isso acaba perturbando, não é mesmo? Por isso, enquanto anda pelas ruas estreitas, ela se concentra somente no que está à frente, logo acima ou na próxima esquina, desejando saber, quase que em voz alta, o que acontecerá em seguida. E, quando ela conta o que sente, a gente grita por dentro *Que coincidência!* — porque sabemos exatamente o que ela está dizendo — e quase nos sentimos na obrigação de agradecer.

Assim, quando Lava solta um peido, mija no coturno de alguém ou rasga a única cueca de outro e Anne se abaixa, pega-o e diz que ele é muito valente, nós todos nos sentimos bem em concordar.

Acho que o que mais preocupa Anne é não contar a seus ouvintes a realidade a nosso respeito. Ela se queixa muito disso. Como é possível explicar o quanto toda a situação aqui é naturalmente letal, errada e fundamentalmente estúpida?

"... caótico...", relata ela, "... momentos de puro terror..."

Ela tenta, mas sempre acha que falhou por pouco.

Eu posso compreender melhor do que ninguém que não existem palavras para descrever adequadamente como os rebeldes conseguem se comunicar e coordenar seus ataques por meio de uma série de túneis subterrâneos que vão de uma mesquita a outra. E como, numa espécie de versão distorcida de um jogo de videogame, os franco-atiradores surgem do nada — em telhados, becos, atrás das paredes das mesquitas — e a gente só consegue se manter vivo para jogar a próxima fase atirando neles imediatamente, onde quer que apareçam.

"...raramente vi os rebeldes de perto, somente silhuetas pelos óculos de visão noturna, o ruído de passos correndo pelos telhados sobre nós..."

Ou então como, sem o saco de dormir, o ar frio da noite intensifica os tremores nervosos, convulsivos, que tomam conta de você depois de algum tempo. Assim, quando acorda certa manhã e encontra um poncho de fuzileiro jogado sobre você, sem que ninguém assuma a responsabilidade, pensa como nesse momento, nesse lugar, nesse maldito videogame real de esconde-esconde, um cobertor de cashmere não é nada perto do poncho sujo de um fuzileiro naval.

Ela nem se incomoda com isso.

Sentamos à noite no posto de comando e conversamos junto ao brilho dos bastões de luz usados para evitar que os rebeldes nos vejam. Anne e eu conversamos muito e, em geral, Lava fareja perto de nós e banca o engraçadinho, fingindo que não escuta nada quando, na verdade, está entendendo tudo. Tenho certeza, porque, de vez em quando, se a conversa fica mais difícil, eu começo a falar de alguma coisa que em geral não comento e não encontro a melhor maneira para descrever o que vi, o que fiz, ou o que outra pessoa fez, e paro de falar, Lava me olha e inclina a cabecinha para o lado como se estivesse esperando — eu juro — para ouvir o restante da história. Eu, então, encolho os ombros e termino a história.

O brilho dos bastões de luz em nosso rosto enquanto tudo o mais ao redor são trevas faz parecer que estamos na Lua. A milhões de quilômetros de distância de nossos deuses, nossos regulamentos, nossa vida. E eu ouço minha voz atravessar, sem se deter, todas as barreiras e postos de controle, porque não há nada, nem deuses, nem regulamentos, nem vidas montando guarda para pará-la.

"...meus pais não gostam que eu seja militar, queriam que eu fosse médico..."

"...o casamento não deu certo..."

"...claro, algum dia quero ter um filho..."

Anne ouve, fuma, balança a cabeça e fuma mais um pouco enquanto conversamos à luz fraca, e não me preocupa que ela vá virar as costas e usar o que digo num de seus programas de rádio. E eu conto muita coisa a ela.

"...o primeiro cara que eu matei..."

"...encontrei um bebê no meio dos destroços..."

"...o rosto do cara simplesmente explodiu..."

Seu interesse maior é nas histórias dos caras mais jovens, os soldados de vinte anos, recém-chegados do treinamento básico, que circulam se fazendo de durões e agem como se isso aqui não fosse nada, como se tudo sempre tivesse feito parte da vida deles — embora as palavras ESTOU PIRANDO pisquem em néon em suas testas. Acho que ela tem pena deles. Nunca diz isso, mas, no fim das contas, é disso que trata a maioria de suas matérias.

Como a reportagem que fez sobre o bombardeio inicial de Faluja, enquanto os fuzileiros esperavam o começo da invasão nos arredores da cidade, quando ela percebeu que essa missão era muito diferente das que cobrira antes. Diferentemente da primeira ofensiva contra o Iraque, quando bombardeios a distância matavam inimigos anônimos uniformizados, esse ataque se tornou defensivo desde o começo. O inimigo já não era mais um soldado recrutado para responder ao fogo; mas um civil que nos odiava tanto que era capaz de tomar o café-da-manhã, sair de casa e explodir-se diante de nós.

A maioria dos fuzileiros da Companhia Bravo estava no Iraque havia apenas duas semanas quando foi transportada em comboio para Faluja, onde o novo inimigo, numa van branca modelo Suburban, apresentou-se chegando em alta velocidade para chocar-se contra um caminhão carregado com sete toneladas de munição, levando consigo oito fuzileiros para onde quer que os jovens guerreiros vão quando são queimados vivos.

Poucos dias depois, Anne entrevistou um psicólogo do Corpo de Fuzileiros enviado para prestar assistência. Segundo ele, os sobreviventes da Companhia Bravo sentiam mais a desonra do que os esperados sentimentos de raiva ou de culpa.

"Eles experimentaram a horrível vergonha de estarem indefesos", disse ele a Anne. "Acima de tudo, os fuzileiros detestam se sentir indefesos, passivos. Não é assim que eles vêem a si mesmos, e isso torna difícil para eles recuperar a confiança."

Anne conhecia essa sensação, mas nada era comparável com o sentimento de inadequação profissional que teve em Faluja. Como é possível explicar a pessoas que estão a milhares de quilômetros de distância a perversidade de lançar nas mãos daqueles meninos a sensação de sua própria mortalidade com a naturalidade de uma partida de softball?

"A maioria precisava ainda viver o combate...", reportou ela. "Em breve o conheceriam."

Não eram adultos; a maioria deles era pouco mais que adolescente, e por isso, para Anne, acompanhá-los na marcha era como tentar seguir um bando de pit bulls acorrentados durante muito tempo. A maioria havia acabado de deixar seus lares — ficaram para trás jogos de videogame alugados, o primeiro carro, empregos de meio expediente —, a fim de defender contra todos os inimigos estrangeiros e internos a Constituição dos Estados Unidos. Embora muitos tivessem dificuldade em dizer exatamente o que está escrito nela.

Seria suficiente? O pessoal em casa entenderia? Ela poderia ter dito *Eles são jovens demais para cuidar disso, pessoal. Não estão preparados para isso, pessoal. Pelo amor de Deus, pessoal, eles acabaram de aprender a andar de bicicleta,* mas tinha dúvidas de que alguém se importaria com isso por tempo suficiente.

"Eles queriam mais da vida do que o que tinham em seu país. Acreditaram nos fuzileiros quando eles disseram: 'Vocês podem ser os melhores.'"

Ela esperava ter capturado isso quando entrevistou um dos meninos e perguntou qual era a missão dele em Faluja.

"Matar o inimigo", disse ele no microfone. "Matar o inimigo, isso é tudo."

No início, não deixo Lava dormir comigo. Sempre o empurro para Anne ou outra pessoa que queira dormir com um porquinho que ronca e solta peidos com cheiro de ração R-2 a noite inteira.

Então um dia Anne me diz:

— Ele é tão adorável. Que vai acontecer com ele?

Dou de ombros.

— Não sei.

Mais uma noite conversando e Anne diz que em poucas semanas voltará para os Estados Unidos. Lava saltita entre nossos sacos de dormir.

— Bom para você — sorrio e viro Lava de patas para o ar, coçando sua barriga até as patas traseiras começarem a tremer.

— Depois volto para cobrir as eleições, de Bagdá.

Concordo com a cabeça e olho o cachorrinho, uma boa desculpa para não encará-la, e digo que em algum momento em abril serei mandado de volta. Sinto-me culpado por isso. Por ir embora. Mas não digo a ela.

— Imagino que você esteja contente.

— Claro.

— E então, que vai acontecer com Lava?

Coloco o cachorrinho de pé e o empurro para longe.

— Quem sabe?

Lava volta correndo, agarra um cordão de meu coturno e puxa.

— Ele é tão engraçadinho.

— É.

Empurro Lava para longe outra vez. Ele se vira e me olha, dobra as patas da frente e levanta o traseiro. Abana o rabo e late. Depois corre de novo para os coturnos.

— Pare com isso.

Empurro-o novamente. De repente eu não queria mais que aquele merdinha roesse meus coturnos.

— Que vai fazer quando voltar para casa?

Lava se recupera e ataca.

— Não sei ainda.

Dessa vez, eu o empurro de verdade, para que entenda a ordem, e ele perde o equilíbrio, com as pernas bambas, soltando gritinhos de terror e rolando várias vezes pelo chão.

— Cara...

Não consigo explicar o quanto me sinto mal por causa disso. Mal mesmo. Acabo de empurrar um pobre cachorrinho pelo chão. Por isso puxo Lava de volta para mim e coço a ponta do focinho dele. Ele me olha com ar de durão e abana o rabo como se nada tivesse acontecido.

— Ei, me desculpe.

Eu me sinto um merda e deixo que ele durma no meu poncho naquela noite. Acho que foi nesse momento que Anne encontrou sua história.

Durante o conflito, o batalhão ganhou um novo membro, um cachorrinho que eles batizaram de Lava... Embora estivessem imundos, deram nele um banho carinhoso, para acabar com as pulgas.

Ele dorme enrolado num poncho dos fuzileiros.

Capítulo 5

Novembro de 2004

Faluja

Os militares levam muito a sério o Regulamento Geral 1-A. Os animais de estimação não são permitidos. Isso se explica porque os militares investem muito tempo e dinheiro em deturpar o seu discernimento moral, e não querem que sentimentos como a compaixão possam atrapalhar tudo. Seu trabalho é atirar no inimigo, ponto final, e se alguma coisa parecida com compaixão mostra sua cabeça feita, é melhor que você também atire nela, ou vai se meter numa encrenca dos diabos.

Nenhum de nós fala sobre o que poderá acontecer com Lava porque isso implica tomar decisões que não queremos tomar, cujos motivos, para início de conversa, não somos pagos para discutir. Francamente, é mais fácil simplesmente sair e explodir as coisas.

Em geral, Lava passa as noites dormindo no telhado do posto com um grupo de fuzileiros do Primeiro Batalhão da Terceira Companhia, mas, quando o tempo esfria, ele passa para dentro à noite. Aí é que ele começa a me perturbar, circulando de olhos arregalados e cheio de graça, com suas patas, suas farejadas e sua inocência.

Na verdade, quando não está dormindo, ele pode ser tudo, menos inocente. Vi pessoalmente o monstrinho destruir diversos mapas, dois pares de coturnos, um telefone celular, as fotos dos filhos de alguém, cinco travesseiros e o único par de meias de um recruta.

Certa manhã, acordo e vejo Lava sentado junto de meu saco de dormir, me encarando, com a orelha esquerda dobrada para a frente e os restos de um tubo de pasta de dentes enfiado na boca.

— Bom-dia — digo eu.

Ele responde com um arroto cheirando a hortelã e depois vomita Colgate por todo o meu saco de dormir.

Além de proibir os animais de estimação, o Regulamento Geral 1-A também proíbe qualquer conduta que seja "prejudicial à manutenção da ordem e da disciplina nas forças armadas", o que significa que tudo o que reduza a moral ou a disciplina está fora de questão. Isso inclui ingerir bebidas alcoólicas em países onde não é permitido, entrar em locais religiosos sem permissão especial, roubar ou destruir artefatos arqueológicos e recolher suvenires. Tudo o que perturbe a disciplina dos fuzileiros — qualquer coisa que afete sua capacidade de atirar, e atirar bem — tem de ser censurado.

Eu conheço bem isso. Durante a Segunda Guerra Mundial somente 15 por cento dos soldados realmente atiraram contra o inimigo porque a maioria não queria matar ninguém. O problema é aquela complicada bússola moral que desestimula os seres humanos a matar outros seres humanos, por isso, ao longo dos anos, os sabichões trataram de encontrar maneiras de superar todos e quaisquer espinhos éticos. Não querer matar o inimigo em combate causava, bem, problemas. Combatentes eficazes tinham de ser treinados sem se levar em conta as repercussões morais.

Assim, depois da Segunda Guerra Mundial, os fuzileiros passaram a ser treinados para agir instantaneamente, num reflexo, e não para parar e avaliar previamente a situação. Por meio do condicionamento pavloviano, fomos treinados a matar ao receber a ordem. Em vez de mirar nos velhos alvos de círculos concêntricos, fomos ensinados a atirar em silhuetas humanas que surgem de repente de lugar nenhum, e o uso repetido de alvos móveis junto com ordens de atirar, exercícios de batalha e a repetição do comando "Fogo!" partindo de figuras de autoridade não apenas conteve nossas reações, mas também as anestesiou. Na época em que se deu a Guerra do Vietnã, 90 por cento dos soldados norte-americanos atiraram no adversário. A matança passou a ser um ato reflexo, como atender ao telefone quando toca, e nada deveria atrapalhar esse processo. Nada.

Em uma outra manhã, acordo e vejo metade do corpo de Lava enfiada em um de meus coturnos, com o bumbum e as pernas traseiras caídas do outro lado. Ele não se mexe. Para mim, ele está morto.

"Que merda!"

Provavelmente foi a ração R-2.

"Ai, não, que merda!"

Primeiro, o corpo de Lava realmente não se move, até que, ao ouvir minha voz, a cauda começa a abanar como uma bandeira tremulando ao vento e decido que dali em diante ele não comeria mais macarrão, biscoitos e feijão na manteiga. M&M's nem pensar. Nada de pasta de dentes. Só carne. É isso que os cachorros de verdade comem: carne.

Um dia naquela primeira semana, ao sair às ruas, descubro que os soldados iraquianos carregam chocolates e cigarros roubados em seus bolsos. Como temos de treiná-los para que sejam idênticos a nós — idôneos, apesar dessa coisa de matar — e como o saque é contra todas as regras, resolvo dar-lhes um pouco de treinamento adicional.

Caminho para lá e para cá, segurando uma barra de chocolate ainda na embalagem em meu punho cerrado, 10 centímetros diante deles. Eles franzem a testa e se curvam para trás.

— Me desculpem, mas vocês acham que estou invadindo seu espaço chegando assim tão perto? — pergunto, por intermédio do intérprete, deixando que minha preocupação goteje em cada palavra como ácido de bateria, porque, afinal, preciso causar impacto.

Os três soldados tentam não se mover, mas seus olhos vão do intérprete para mim e de mim para o intérprete, a única pessoa que eles podem relacionar com os bons e velhos tempos, quando todos falavam árabe e ninguém gritava com eles por comerem algumas guloseimas.

— Tenho uma coisa para informar a vocês, seus protótipos ridículos de soldados — aproximo meu rosto do de um dos homens a ponto de sentir sua respiração e desfiro cada palavra com um golpe em seu peito.

— *Vocês não têm direito a espaço.*

Dou um passo para trás e olho a barra de chocolate ainda fechada em minha mão, como se tivesse caído de uma nave espacial.

— O que é isso?

Os três soldados olham para o intérprete.

— E isso, o que é?

Avanço na direção deles, puxo maços de cigarros e mais barras de chocolate de suas túnicas e atiro-os ao chão com toda a raiva que consigo reunir. Os soldados olham para o intérprete, para o produto do saque e outra vez para o intérprete.

— Vocês *pagaram* por isso?

Os três concordam com a cabeça, em uníssono.

— Qual de vocês pagou por isso?

Os três apontam um para o outro, ao mesmo tempo.

Eles simplesmente não entendem. Esses caras deveriam cuidar da segurança de seu país e estão aqui agindo como os Três Patetas. Desobedecer às ordens nesse lugar ameaça a sobrevivência e, como praticamente tudo o mais aqui ameaça a sobrevivência, inclusive caminhar, falar e mijar no lugar errado, a falta de disciplina é uma das principais causas de morte, junto com o pânico, a falta de concentração ou a compaixão exagerada.

— *Roubar não é atitude digna de um homem.*

Eu caminho para lá e para cá diante dos soldados.

— *Vocês humilharam a si mesmos e às forças armadas do Iraque.*

Cuspo nos pés deles.

— Vocês não servem para soldados e eu vou abandoná-los aqui em Faluja, e os rebeldes vão decapitar vocês.

Arranco meu capacete.

— Vocês são uns merdas.

O intérprete pára e olha para mim.

— Vamos, traduza *merda*. Não é *tão* difícil assim.

Atiro meu capacete no chão.

— Repitam comigo: *Eu não roubo.*

Os soldados balbuciam a resposta para o intérprete.

— Em inglês. *I do not steal.*

— In inglisi. Ai du not sti-il.

— *I do not lie* (Eu não minto).

— Ai du not lai.

— *Sou um idiota e adoro o chão onde o senhor pisa, senhor.*

Nesse lugar, a disciplina está acima de qualquer coisa entre o céu e a terra, incluindo a fome, a exaustão, o medo, a saudade de casa, a empatia, a culpa, as ressacas, os franco-atiradores, o arrependimento, o ódio, a prisão de ventre, as idéias suicidas, o chamado à oração e as cartas da família.

— *E daqui em diante teu código correto de disciplina será meu guia, e eu deixarei de lado o sexo, matarei meu primogênito, mastigarei com a boca fechada, não farei prisioneiros, não farei aos outros o que não quero que me façam, escovarei bem os dentes, adorarei meu fuzil, escreverei m antes de p e b, não deixarei nenhum companheiro para trás, hurra, louvado seja Deus, ave César cheio de graça, Papai Noel existe, Alá é grande, sim senhor, agora e para sempre e sempre e sempre, amém.*

Pobres-diabos. Começam a rezar. Nem sequer me ouvem mais porque murmuram "Alá, Alá", tentando não chorar, mas noto que já não estão mais olhando para mim, e sim para alguma coisa além.

Olho rapidamente para o outro lado da rua e a princípio vejo somente o costumeiro horizonte de uma cidade quase transformada em pó. Em seguida, vejo alguma coisa se mexendo, pego a arma e tomo posição.

— Alá, Alá.

Preciso de um segundo para focalizar.

Aperto os olhos e seguro com força a arma, porque a palma de minha mão começa a suar, meus dedos começam a tremer, os soldados continuam a choramingar, e eu grito "Calem a porra da boca!" — porque não consigo mais manter o fuzil firme. E tudo o que vejo é um grupo de cães... "Alá, Alá"...comendo carne. "Ai, meu Deus", penso que estou com vontade de vomitar.

Outra manhã, acordo achando que alguém encurtou meu saco de dormir, porque não consigo esticar totalmente as pernas. É Lava, que deu um jeito de entrar ali e enroscar-se no fundo, feito uma bola.

"Cara, isso tem de acabar."

Ele está roncando, e eu não quero perturbá-lo. Ainda é muito cedo para levantar e por isso fico ali, sentindo o calor da respiração dele em meus pés. E, ao mesmo tempo, o Regulamento Geral 1-A começa a rodar em minha cabeça.

Ficam proibidas para os membros das forças armadas as atividades mencionadas no Regulamento Geral 1-A, inclusive adotar animais de estimação ou mascotes e cuidar ou alimentar qualquer tipo de animais domésticos ou selvagens. Embora a maioria dos fuzileiros que dormem a meu redor admita que se sente bem fazendo finalmente o que foram treinados para fazer, a verdade é que eles não estão à vontade com essa sensação de bem-estar. Todos os regulamentos e o treinamento são valiosos aqui, mas o que vamos fazer depois?

Eu sei o que vai acontecer com eles depois. Não vão conseguir dormir muito, terão ataques de pânico, evitarão os vizinhos, começarão a beber, roncar, dar tiros, rejubilar-se em seu torpor emocional, e isso só se encontrarem algum tipo de terapia que faça com que deixem de se sentir tão diferentes de todos os demais, embora, de fato, sejam diferentes de todos os demais.

Eu tentei. Tentei certa vez quebrar as regras abandonando o rebanho, quando a explosão de adrenalina provocada pelas aterrissagens no convés de porta-aviões, pelas operações aéreas e pelo rapel feito de helicópteros terminou e me deixou com o corpo formigando. O treinamento foi excelente, a disciplina ótima, mas o que fiz comigo mesmo no fim do dia?

Quando deixei a ativa, voltei ao mundo civil trabalhando em repressão ao narcotráfico junto à promotoria dos Estados Unidos em San Diego, depois tornei-me funcionário de uma recém-inaugurada empresa de Internet em Newport Beach e finalmente entrei para a Salomon Smith Barney, como consultor financeiro.

Mas nunca me senti normal. Era como se *tivesse de haver algo mais*. Qual é a questão? Quais são os objetivos? Quais são as *regras*?

Em seguida, os ataques de 11 de setembro acabaram completamente com a idéia de ser normal e eu voltei à ativa tão logo foi possível. Fui destacado para a 11ª Unidade Expedicionária de Fuzileiros Navais (Capacitada para Operações Especiais) no Kuwait e na Jordânia. Depois passei para a Operação Liberdade do Iraque em fevereiro de 2003 e, já em agosto, era oficial de ligação das Forças Especiais, servindo na Primeira Força Expedicionária de Fuzileiros Navais, no Catar. Minha terceira missão em dois anos me trouxe ao Acampamento Faluja, onde treinei as Forças Especiais do Iraque que agora estão aqui, pelas ruas dessa miserável cidade-fantasma, vendo cães vadios comerem seus compatriotas mortos.

E isso parece normal. Apesar das bombas, dos rebeldes e dos destroços, sinto que pertenço a este lugar. Até que ponto isso é loucura?

Enfio a mão no saco de dormir e tiro Lava, levantando-o até meu queixo. Ele ronca e funga e eu começo a afagar suas orelhas.

"Que vai acontecer com você quando nós formos embora, rapazinho?"

O cachorrinho abre um dos olhos e me encara, e eu começo a pensar nas coisas em que não deveríamos pensar — como vamos atirar nele ou abandoná-lo nas ruas de Faluja, onde, para os cães, comer carne humana é normal.

Os olhos de Lava se fecham um pouco e a cabeça pende para trás, devagar. Sopro de leve sua carinha, porque não quero ficar acordado sozinho. Os olhos dele se abrem. Parece aborrecido.

"Que foi, invadi seu espaço?"

Ele bate com o rabo em meu peito.

"Pois é, você está invadindo o meu."

Capítulo 6

Maio de 2005

Em um vôo de Kirkuk a Bagdá

Brad Ridenour achou que devia esse favor a Ken Licklider. Colaborar com Ken na ajuda a um fuzileiro naval não era seu único motivo para voar da embaixada dos Estados Unidos/Grã Bretanha em Kirkuk ao Aeroporto Internacional de Bagdá, mas era um dos principais. Isso, e voltar para casa.

Depois de quatro meses no Iraque trabalhando como adestrador de cães para a empresa Triple Canopy Security, Brad estava pronto para um descanso — todos estavam — e, embora qualquer um deles pudesse ter ajudado Ken, Brad foi o voluntário óbvio. Afinal, aquela era sua primeira viagem ao Iraque e, portanto, ele não *precisava* voltar para casa tanto quanto os caras que já estavam naquilo há mais tempo.

Mas ele precisava de um descanso. Sua casa parecia uma história distante: muito tempo atrás ele era policial na pequena cidade de Portland, em Indiana, e antes de se tornar o encarregado do canil da polícia, após o treinamento recebido no Canil Vohne Liche, tudo parecia tão estagnado quanto os pântanos do Meio-Oeste. Mas o que fez Brad ir para o Iraque não foi a necessidade de mais adrenalina. E também não foi o telefonema de Ken no último minuto, perguntando se ele aceitava o emprego na Triple Canopy. Foi o fato de que, desde que se tornou parceiro de seu cão Vischa no Canil Vohne Liche e passou vários meses aprendendo a se comunicar com outra espécie animal, convenceu-se de que nem mesmo se comunicar com extraterrestres poderia ser tão gratificante. Adorava trabalhar com cães. O contrato de Ken com a Triple Canopy Security, que, por sua vez, tinha um contrato com o Departamento de Estado dos Estados Unidos para fazer a vigilância das embaixadas de alto risco no Iraque, deu a Brad a oportunidade de ganhar a vida fazendo o que gostava.

Mas era uma maneira difícil de ganhar a vida. Nos últimos quatro meses ele tinha perdido cerca de 20 quilos. Os primeiros cinco logo ao chegar ao país, quando viu o quão difíceis podem ser os inspetores de alfândega iraquianos. Viajava com outro adestrador e, embora Brad tivesse passado com Vischa sem problemas, quando os inspetores olharam os documentos do outro adestrador e os certificados sanitários de seu cachorro exigiram que fossem tiradas fotos do animal. O colega teve de levantar o pastor alemão de quase 40 quilos e segurá-lo na altura da câmara. Brad não entendeu que tipo de medidas de segurança poderiam exigir a foto de um cão, e nada perguntou; mas isso serviu de alerta para o que estava por vir.

Os cinco quilos seguintes desapareceram durante o primeiro mês no acampamento fortificado da Triple Canopy, na fronteira entre as Zonas Verde e Vermelha de Bagdá.

Como os recursos do governo norte-americano já estavam no limite, a empresa privada obteve contratos governamentais, em 2004, para proteger os 13 quartéis-generais da Autoridade Provisória da Coalizão (CPA), que governou o Iraque durante a ocupação liderada pelos Estados Unidos. A empresa, recém-formada por dois membros aposentados da Força Delta do exército norte-americano, embarcava veículos blindados, armamento e mochilas cheias de dinheiro em navios para o Iraque — lá os funcionários os utilizavam para proteger autoridades dos Estados Unidos. A maioria dos recrutas da Triple Canopy vinha da América Latina, principalmente do Peru, do Chile, da Colômbia e de El Salvador, e, embora não gostassem de ser chamados de mercenários, com certeza poderiam incluir essa palavra em seus currículos, caso necessário.

O primeiro trabalho de Brad e Vischa para a Triple Canopy foi a proteção do acampamento da empresa na Zona Verde, verificando se os veículos que entravam continham explosivos. Somente uma bomba detonou enquanto ele esteve lá — um artefato caseiro que explodiu na entrada do acampamento da Guarda Nacional do Iraque, a uma quadra do acampamento da Triple Canopy, mas perto o suficiente para que a poeira espalhada pelo impacto cegasse Brad.

Os últimos dez quilos foram sumindo mês a mês, durante as 12 semanas que ele passou procurando por explosivos na entrada da embaixada dos Estados Unidos, em Kirkuk. Em retrospecto não parece muito tempo, mas usar capacetes Kevlar 24 horas, sete dias por semana, deslocar-se somente em viaturas blindadas em alta velocidade, prender a respiração a cada vez que um veículo se aproximava da embaixada — tudo isso ajuda muito a aumentar a saudade de casa. Ele havia prendido a respiração tantas vezes durante os últimos quatro meses que voltar para casa era como respirar fundo.

Mas tinha de fazer este último serviço para Ken.

Capítulo 7

Novembro de 2004
Faluja

Depois de três semanas em Faluja, regresso à base principal no dia de Ação de Graças, levando Lava em uma viatura blindada que, após bombardeios em série, tiroteios e colisões, parece mais um carro de Stock Car usado do que um Veículo sobre Rodas de Múltipla Aplicação e Alta Mobilidade, que custa um pouco menos do que uma mansão mediana nos Estados Unidos.

Não tenho idéia do que fazer com Lava, mas ele adora a viagem barulhenta e movimentada e, enquanto dirijo, ele se aboleta em meu colo, maravilhado com o que vê pela janela, e rosna para os milhares de refugiados evacuados de Faluja que vamos deixando para trás. Imagino mais uma desculpa para minha lista de motivos para infringir as regras militares: eu não posso evitar.

Não me lembro exatamente de quando as desculpas começaram, mas foi em algum momento entre a tarde em que eu vi os cães comendo cadáveres humanos e a hora em que descobri Lava dormindo enroscado em meu saco de dormir. Depois disso, as desculpas surgiram em profusão:

porque os soldados iraquianos estavam fracassando; porque eu estava cansado; porque muitas crianças não haviam sido evacuadas pelos pais ao receberem o aviso; porque meus charutos tinham acabado; porque eu já não conseguia dormir a menos que uma bolinha peluda se aninhasse junto a mim, respirando em meus pés. No momento em que recebo minhas ordens para deixar Faluja já tenho tantas desculpas que simplesmente as junto todas num grande pacote de vagas justificativas e coloco Lava na viatura blindada comigo.

Ligo para amigos e familiares nos Estados Unidos e conto a história de Lava, pedindo ajuda. Uso um telefone celular, e por isso acho que os silêncios do outro lado da linha são o costumeiro intervalo das chamadas internacionais, mas depois percebo, quando os silêncios se prolongam, que meus amigos estão procurando colocar a palavra *filhotinho de cachorro* no contexto dos termos relacionados a mim.

Acontece que eles têm receio de que, se eu não morrer, acabe enlouquecendo no Iraque, comendo carne crua, colecionando armas e enviando cartas anônimas assustadoras para desconhecidos. Por isso, quando digo que tenho um cachorrinho e percebo aquele silêncio prolongado, eles estão procurando relacionar a pessoa que eu era quando parti à que eles temem que eu me torne ao voltar.

Por exemplo, ao ligar para um de meus melhores amigos em San Diego, Eric Luna, e perguntar se ele sabe o que fazer para tirar um cachorro do Iraque, tudo o que escuto do outro lado é estática durante muito tempo.

— Ei, Easy E, você ainda está na linha?

— Sim, claro, estou aqui. Que foi que você disse?

As ligações telefônicas entre a Califórnia e o Iraque são caras e freqüentemente interrompidas, e por isso é preciso dizer rapidamente o que se tem a dizer. É uma arte, e transformar minha explicação em algo inteligível, que começa com chocolate roubado e acaba com cães vadios comendo cadáveres, só serve para alimentar os piores temores de Eric.

— O quê...? — ele continua repetindo, como se não estivesse me ouvindo.

— Granadas... Ração R-2... M&M's...

— O quê?

— Cadáveres inchados... cadarços de coturnos... fios de satélite... operações psicológicas... não somos normais...

— O quê?

— ...e, veja, tem esses perigosos banheiros portáteis...

— *O quê?*

— *Ca-chor-ri-nho.* Tenho um *ca-chor-ri-nho.* Você pode me ajudar a encontrar uma maneira de tirá-lo daqui?

Eric usa de todo o seu poder de raciocínio e acha melhor concordar, a fim de evitar futuras complicações.

— Claro, claro. Tudo o que você quiser.

O trajeto entre a cidade e o acampamento é de pouco menos de 20 quilômetros, mas é um caminho cheio de armadilhas, e é mais fácil atirar num comboio militar do que tirar as pulgas de um cachorro sem pêlos.

Diferentemente do que seria sensato pensar, nem todas as 20 mil viaturas que dirigimos no Iraque são blindadas. Embora, em tese, suas características pareçam excelentes — peso: 2.350 quilos; motor: V-8, 6,2 litros/quilômetro, com injeção, a diesel, resfriamento por água, ignição por compressão; 150HP a 3.600rpm —, sem blindagem são iguais a uma lata grande. Nós os reforçamos com sacos de areia, metal e compensado, mas isso só serve para aumentar o peso na suspensão e nas peças de tração e gerar mais estilhaços quando uma granada ou uma mina nos pega pela estrada.

Em conseqüência, os comboios são excelentes alvos e, em um simples ataque, os rebeldes são capazes de cortar as linhas de suprimento, danificar equipamentos e matar soldados, numa tacada só. Não é preciso suicidar-se. Na verdade, eles estão se tornando tão competentes em detonar bombas a distância — com dispositivos de abrir garagens, controles remotos para carros de brinquedo e bips que só precisam de um telefone celular para causar uma explosão — que usar homens-bomba ficou praticamente fora de moda.

O inimigo pendura latas de refrigerante cheias de explosivos em árvores na beira das estradas. Escondem bombas em canteiros laterais e centrais, cercas, latas de lixo e bueiros. Escondem-nas em túneis subterrâneos. Lançam bombas de pontes. Os motoristas dos comboios mantêm determinada distância entre cada veículo, geralmente de 50 a 100 metros, dependendo da quantidade de poeira, para que todo o comboio não seja dizimado por uma mina terrestre.

Quando o comboio pára para inspeção ou reabastecimento, os motoristas ficam nos carros com o motor ligado e todos os outros olhos esquadrinham o horizonte num giro de 360 graus. Às vezes, um de nós se arrisca a dar uma mijada, mas fazer xixi na beira da estrada no meio do Triângulo Sunita não é algo muito seguro; a possibilidade de ser atingido é mais ou menos igual à de um gordo num jogo de queimado.

Se você é atingido por um tiro durante o xixi, o manual de "Lições Aprendidas" dá o seguinte conselho: "DEVOLVA O FOGO — extremamente eficaz; continue a mover-se; não pare! Eles querem que você pare; não tenha medo de atirar... quem não impede a atividade do inimigo está possibilitando a atividade — isso torna a resposta ao fogo moralmente correta."

Geralmente, antes de o comboio partir, vamos para o local de reunião, onde o comandante lista os soldados, os veículos são inspecionados; os artigos pessoais, incluindo roupas, alimentos e água, são embarcados; e as metralhadoras pesadas, lançadores de granadas e outras armas são montadas, limpas, lubrificadas e preparadas para disparar. O comandante, em geral, faz uma preleção sobre novas informações obtidas, a rota do comboio, as freqüências de rádio e as precauções de segurança na estrada, seguida de exercícios de reação imediata para o caso de o comboio ser atacado. Em nosso caso, trocamos os perigos de Faluja pelos perigos da estrada simplesmente amontoando as coisas nas viaturas o mais depressa possível e trocando votos de boa sorte com o comandante.

Assim, dirigimos ao longo do campo, por uma estrada perigosa, passando pelos refugiados de Faluja que agora moram ao relento no frio, em tendas erguidas pelos Estados Unidos, e estão zangados por causa disso. Eles nos odeiam.

Na minha viatura somos quatro, rindo dos velhos que usam saias compridas e das mulheres gordas escondidas atrás de véus e atiçando Lava quando ele late.

"*Mate!*", ordenamos, e rimos à vontade, porque achamos muito engraçado. "Mate, Lava, *mate.*" Estamos nervosos e isso ajuda a passar o tempo.

Inicialmente, quando o comboio passa pelos refugiados e eles vêem esse cachorrinho que late para eles da janela da viatura, fico esperando que façam gestos obscenos e gritem profecias sobre o que vai nos acontecer quando morrermos. Acho que a qualquer momento um dos velhos vai tirar uma metralhadora de baixo da roupa e atirar, com um sorriso nos lábios. Espero ver efígies queimadas e hordas de religiosos que gritam com os punhos cerrados erguidos no ar.

Na verdade, é tudo um jogo. Pique-bandeira, mas com bombas. Roube a bandeira, mas com granadas. Assim, esta linha aqui é feita para ser atravessada: você fica de um lado com seu time e os outros ficam do outro lado, e as equipes trocam insultos — "Minhas coisas são melhores do que as suas!" "Não, as minhas é que são melhores !" "É, mas eu conheço o juiz!" "Ah, é? Mas eu sou *parente* do juiz!" — até que alguém atravessa a linha e o jogo começa oficialmente.

Creio que o Juiz seja o único que realmente sabe quem atravessou a linha primeiro e por que motivo, mas a essa altura todos já estão entregues aos insultos: "Rebeldes.... assassinos... terroristas... fanáticos..."; "Imperialistas... infiéis... invasores"; já não importa quem fez o quê e quando.

Imagino o velho Juiz, lá no Pólo Norte, tentando ser imparcial e olhando para aquilo. É embaraçoso. Não admira que ele já não apareça mais.

E ali vamos nós, o comboio, passando por aquela gente, e eu não consigo parar de pensar nos cães. Após alguns dias caminhando entre cadáveres em Faluja, a gente acaba distinguindo facilmente os que foram atacados pelos cães — a pele despedaçada nos lugares do corpo onde havia mais gordura, principalmente o estômago, as nádegas e as solas dos pés — e isso, meu amigo, é de dar arrepios.

Mas os refugiados apenas nos olham. Não atiram pedras. Não mostram bandeiras rasgadas dos Estados Unidos. Não gritam *Jihad!* com os punhos fechados para o ar. Só olham, fixamente, como se não tivessem energia para fazer mais nada, por vários quilômetros. Depois de algum tempo, começo a achar que fizemos uma brincadeira de mau gosto, que foi longe demais. Lava não pára de rosnar e isso começa a me enervar.

"Vamos, amiguinho, pare com isso."

Mas ele corre de uma janela para a outra, e um dos outros homens manda que ele fique quieto. Aquelas caras todas nos olham através do vidro sujo, mas já não achamos graça, e Lava continua rosnando, quilômetro após quilômetro, refugiado após refugiado, até que sinto que minha cabeça vai explodir: "*Pare com essa merda!*", e piso no freio.

Lava me olha, os homens me olham. Os rostos, as pessoas lá fora me olham. E a expressão deles, a de todos eles, diz o mesmo — *Então pegamos você, não foi?* Eu então encolho os ombros e me recomponho, sorrio e arranco rapidamente, deixando os iraquianos numa nuvem de poeira e sujeira.

Só que Lava ainda está me olhando, mesmo depois de a atmosfera dentro da viatura ter voltado ao normal.

Capítulo 8

Novembro de 2004

Acampamento Faluja

Quando passamos pelos portões do Acampamento Faluja, o cenário é o que se poderia esperar de uma instalação militar iraquiana abandonada, antigo campo iraniano de treinamento de terroristas tomado pelas forças dos Estados Unidos, localizado a meio caminho entre Bagdá e Faluja e a cerca de 12.500 quilômetros da Rocha de Plymouth.* Heliportos congestionados. Cemitérios de viaturas. Fileiras de banheiros portáteis que enriquecem algum empreiteiro civil.

O que eu não esperava era toda a atividade no prédio do necrotério, com a tabuleta PROIBIDA A ENTRADA pendurada nas portas. Isso era novidade. Penso nas reportagens de Anne Garrels. Espero que ela tenha conseguido sair do país sem problemas.

---

* Lugar de desembarque dos *Pilgrims* (colonos puritanos) em 1620, no estado de Massachusetts. (*N. do T.*)

Pelo menos a temperatura está amena e, depois de colocar Lava em minha mochila e entrar com ele escondido no alojamento dos oficiais, ligo o aquecedor para esquentá-lo.

"Está tudo bem aí, amiguinho?"

Lava me olha e inclina a cabeça. Fico olhando para aquela violação engraçada, porém drástica, do regulamento militar e penso se fiz a coisa certa. Lava ficará vulnerável ali no acampamento, que, segundo o regulamento, não pode abrigar nenhum cachorro exceto os cães militares. Na verdade, cães e gatos vadios surgem aos montes no acampamento, e o boato é que têm sido afogados numa lagoa próxima.

O prédio dos oficiais é o *pior* lugar do acampamento para esconder uma bolinha saltitante com cordas vocais, mas a necessidade de descansar depois das últimas três semanas me desanima a fazer qualquer coisa a não ser dormir, por isso puxo Lava para junto de mim no catre, onde nenhum dos dois se move durante as nove horas seguintes.

Mas sonho. Só que eu sonho com a realidade, não consigo me ver livre dela, mesmo dormindo.

Estou patrulhando uma das principais ruas de Faluja, diante de uma mesquita, e os soldados iraquianos agitam seus fuzis. Eu grito para que acionem a trava de segurança e Tim O'Brien me diz para ter paciência porque eles não entendem inglês.

E eu me viro para Tim e digo "É melhor que eles aprendam *depressa*". Ele começa a sorrir e a dizer alguma coisa. De repente a cabeça dele já não está ali, e sim no chão, granadas explodem à nossa volta, e eu agarro sua cabeça e tento recolocá-la no pescoço, para que funcione novamente e eu possa ouvir o que ele tem a dizer. A cabeça não fica firme, e eu tento ligar os tendões ao pescoço, mas estão todos emaranhados e pegajosos e eu não consigo raciocinar. Granadas continuam explodindo. Então os olhos na cabeça em minhas mãos começam a se revirar e a boca começa a cuspir sangue, e aquilo fica sorrindo, se mexendo, cuspindo, sorrindo, se mexendo e falando: "É só um arranhão, cara, só um arranhão."

O catre amanhece molhado e Lava tirita debaixo das cobertas, ensopado em seu próprio xixi. É a primeira vez que isso acontece desde que ele começou a dormir em meu saco em Faluja.

"Está envergonhado?"

Ele choraminga.

"Teve pesadelos?"

Lava enterra o nariz e depois a maior parte do corpo sob o travesseiro. Cantarolo para ele o hino dos Fuzileiros Navais. Sua cauda começa a tamborilar no catre.

"Eu também."

Resolvo arriscar-me a conversar com os adestradores de cães no outro lado do acampamento, onde se cultiva grama verde para os cachorros caminharem. Os cães militares são realmente bem tratados.

Como acontece na Força Delta e com os Seals na marinha, os cães em serviço militar constituem uma unidade de elite mais especializada do que qualquer armamento ou sistema de mapeamento de alta tecnologia das forças armadas norte-americanas. Várias centenas de milhares de anos de evolução tornaram seus focinhos mais robustos, seus dentes mais afiados, e suas pernas mais velozes do que os de qualquer ser humano vivo. É isso o que os adestradores me dizem.

A maioria é de malinois belgas e pastores alemães, e, tal como o restante de nós, cada um tem suas próprias fichas do serviço militar e aprende a atacar quando ordenado, sem hesitar. Antes de chegarem ao Iraque — contam os adestradores —, os cães militares passam uma temporada no acampamento da Base Aérea de Lackland, onde o departamento de Defesa mantém um hospital veterinário de alta tecnologia com especialistas em patologia, medicina interna, cirurgia, radiologia e epidemiologia, imagens de alta resolução, endoscopia, artroscopia, cirurgia a laser, eletrodiagnóstico, próteses de bacia, fluoroscopia e ecocardiografia em laboratórios que dispõem das técnicas mais avançadas, além de consultórios dentários, salas de cirurgia e radiologia, unidades de tratamento intensivo e salas de recuperação de anestesia.

O treinamento para os cães em serviço consiste de detecção de explosivos e patrulhamento. Eles fazem exercícios, marcham e caminham como qualquer recruta. Aprendem os quatro comandos clássicos: *Senta, Deita, Junto, Fica,* mas a ordem *Pega!* é acrescentada ao currículo. Aprendem a obedecer a comandos contra o vento, a favor do vento e com o vento cruzado, além de diversos outros movimentos, como marchar, recuar, formar à esquerda e à direita.

Devido ao grande número de papilas olfativas e ao tamanho da região olfativa do cérebro, os cães em serviço militar aumentam em cerca de mil vezes a capacidade da marinha de detectar intrusos e odores leves, com cerca de 95 por cento de exatidão. Um cão militar bem treinado é capaz de detectar dinamite, fios de detonadores, cloretos de sódio e de potássio, fusíveis de tempo e pólvora.

Quando os cães concluem o treinamento inicial, recebem coletes camuflados à prova de balas que pesam sete quilos e custam cerca de mil dólares cada. Os coletes têm compartimentos para resfriadores, a fim de prevenir ataques cardíacos, e acessórios que permitem que os cães sejam lançados de pára-quedas ou içados por cordas.

Tão logo esteja equipado, o cão fica sob a responsabilidade de um tratador. No Acampamento Faluja, os dois vivem e trabalham juntos — raramente se separam —, e ambos se tornam tão dedicados um ao outro que, depois de dois anos, o cão muda de tratador, para evitar que se tornem apegados demais. Confiam plenamente um no outro. Cada um conhece a respiração do outro. O laço entre ambos é tão forte que, quando o tratador revista um suspeito e este tenta feri-lo, o cão ataca imediatamente, sem qualquer comando. O cão morde e domina o suspeito até ouvir o comando de parar. Isso significa que, se o tratador for morto ou ficar inconsciente, o cão literalmente manterá o suspeito subjugado até morrer, enquanto espera o comando de soltar.

Portanto, não me admiro quando os tratadores do Acampamento Faluja sorriem e balançam negativamente a cabeça quando lhes pergunto se Lava pode ficar escondido em um dos canis: "Não posso ajudá-lo, senhor..."

Tampouco me surpreendo quando me dizem que o veterinário mais próximo capaz de vacinar Lava trabalha em uma base militar em Bagdá, a cerca de 65 traiçoeiros quilômetros de distância, e, por causa do Regulamento Geral 1-A, duvidam que ele me possa ser útil.

Desejam-me boa sorte, apesar disso, e me dão o que imagino ser um alimento muito caro para cães.

De volta ao alojamento dos oficiais, mando imediatamente um e-mail ao veterinário militar em Bagdá. Sei que é arriscado, mas alimento a esperança de que o veterinário seja tão compreensivo quanto os tratadores do acampamento.

"Encontrei um cachorrinho em Bagdá..."

Depois fiquei pensando no que os tratadores me contaram quando perguntei o que acontece com os cães quando saem da ativa.

Assim como acontece com os fuzileiros navais, o status de tropa de elite acaba por prejudicar os cães. Não são como os outros cachorros e, como simplesmente não existe tratamento psicológico para cães, eles não têm para onde ir. Quando um cão militar fica fisicamente incapacitado de executar suas missões em campo — em geral aos 10 anos —, um veterinário o declara "inapto para o serviço", ou "apto somente para serviço nos Estados Unidos", e seus assentamentos militares são enviados a uma junta médica, em Lackland.

Se um cão "inapto" for considerado "adotável" — isto é, se ele não estiver propenso a invadir playgrounds para atacar criancinhas sem ser provocado — e se quem o adotar compreender os riscos envolvidos — isto é, se entender que pode acontecer que crianças pequenas o provoquem e ele invada o playground e as ataque —, esse novo dono assinará um acordo que absolve o departamento de Defesa de qualquer responsabilidade por danos ou ferimentos que o cão possa causar.

A maioria, no entanto, é considerada "não-adotável". Esses são os cães cuja vida foi devotada a executar comandos perfeitamente, que se dedicaram completamente aos militares, a quem obedeceriam até a morte. Os cães mais fiéis, mais confiáveis, mais patrióticos do grupo. Por isso é expedido um documento de "disposição final" para que seja praticada a eutanásia.

Fico olhando a tela do computador diante de mim, esforçando-me para não fazer comparações. "Não-adotável." "Desajustado." "Capaz de atacar crianças pequenas nos playgrounds." "Defendendo a bandeira com sangue."

Depois da mensagem ao veterinário militar, mando outras, pedindo socorro a todos, menos aos porteiros da Cidade de Esmeralda da terra do mágico de Oz.

"Encontrei um cachorrinho em Faluja..."

Mais tarde, naquele dia, recebo a notícia de que devo apresentar-me à Força-Tarefa Conjunta, em Balad, a fim de substituir um tenente-coronel, Ignatius "Buck" Liberto, que entraria de licença por seis meses. Eu conheço o cara. Envio-lhe um e-mail perguntando se ele se importaria em levar Lava ao partir.

Buck responde que, para ele, não haveria problema algum, mas que viajaria num avião de transporte militar e que, para levar Lava, teria de ter os certificados de vacina e a aprovação dos superiores. Achei que isso não seria problema, até receber a resposta do veterinário militar de Bagdá.

Ele reitera respeitosamente o Regulamento Geral 1-A, que proíbe os fuzileiros navais de possuir animais de estimação, e assinala a seguir que doenças como leishmaniose, cistos hidáticos e raiva são comuns nos cachorros vadios no Iraque.

"Minha aparente falta de preocupação com esse cãozinho não é por desinteresse. Estou apenas seguindo as ordens, os regulamentos e meu desejo de proteger a saúde de nossos soldados", escreve o veterinário.

"O que estou tentando esclarecer, senhor, é que nada do que possamos fazer poderá ajudá-lo a levar o cão para fora do país."

Merda!

Capítulo 9

Dezembro de 2004

Acampamento Faluja

A poeira faz rodamoinhos diante do clarão dos faróis da viatura enquanto avanço em marcha lenta em direção à extremidade da base. Casamatas de concreto, espirais de arame farpado, barracas e sacos de areia aparecem e desaparecem diante de mim como lampejos de pensamentos, e noto como as coisas parecem mais pontiagudas do que quando ofuscadas pelo sol a pino. E novamente tudo fica estranho quando a gente não consegue dormir no meio da noite.

É estranho atravessar a base de carro. É estranho que no Iraque faça tanto frio e que eu passe por poças cobertas por uma fina camada de gelo sob um céu escuro de inverno tatuado de estrelas. É estranho que os prédios de metal pré-fabricados erguidos pela Guarda Republicana do Iraque com a finalidade de treinar terroristas estejam agora cercados por sacos de areia dos norte-americanos, para mantê-los longe. É estranho que o facho branco dos faróis pareça esfaquear violentamente tudo o que aparece pelo caminho — o prédio do rancho, a grande bacia plástica usada pelos fuzileiros que resolvem ser batizados, uma viatura com um crânio de carneiro amarrado na grade do radiador, o prédio de "Moral, Bem-Estar e Recreação", repleto de consoles de PlayStation 2, que os psicólogos recomendam para a nossa distração. É estranho que haja guerra. É estranho que eu faça parte dela.

Para onde estou dirigindo? Para o alojamento dos Cães da Lava.

Por que estou indo ao alojamento dos Cães da Lava? Porque não consigo dormir.

Por que não consigo dormir? Porque Lava está no alojamento dos Cães da Lava.

Agora que eles voltaram para a base, parece natural que Lava visite os tios, que, por sorte, estão alojados o mais longe possível do prédio dos oficiais.

Mas eu não consigo dormir.

Começo a cochilar, mas de repente, como se um alarme tocasse, pensamentos martelam minha cabeça: *Tenho de partir para Balad daqui a dois dias. Veja bem o que vai fazer, Kopelman. Pense direito no que vai fazer. Lava vai acabar levando um tiro.*

Pois é, o departamento de Defesa havia transmitido ordens para que os empreiteiros matassem todos os cães não-militares que fossem encontrados nas bases norte-americanas do Iraque. Parece que se espalhara a notícia de que os cães vadios comiam os cadáveres e, embora não haja problemas em matarmos as pessoas que se transformam nesses cadáveres, não é legal ter cães circulando e os devorando. Há alguma sutil diferença que, acho, não se espera que percebamos. Talvez isso tenha a ver com os piolhos.

Seja como for, parece que eu não sou o único idiota que quer tirar um cachorro do Iraque. Existem, na verdade, muitos caras que escrevem aos parentes e amigos nos Estados Unidos pedindo ajuda. Apareceram muitas histórias na Internet, quando pesquisei no Google e procurei por "tirar cachorros do Iraque", "tirar cãezinhos do Iraque" e coisas assim. Estava completamente perdido até que encontrei a história de um sargento do exército dizendo que seu batalhão havia tentado levar uma cadela para os Estados Unidos, mas que os "matadores de cães", dizia ele, chegaram primeiro. Eles a esconderam, alimentaram e acharam alguém disposto a levá-la, mas, no último minuto, já na fila de embarque, pronta para partir, quando todos já estavam dizendo adeus, algum patife cumprindo ordens apareceu, agarrou-a e matou-a com um tiro.

Isso é o tipo de coisa que faz você parar e pensar: "Que *merda* é essa?"

Então começo a procurar no Google tudo o que posso imaginar — passaporte para cachorro, ajudar cachorro, cachorro indefeso precisa passaporte, ajudar fuzileiro a ajudar cachorrinho indefeso. Estou me sentindo um pouco frenético com tudo isso e por não chegar a lugar algum.

Tento dormir na primeira noite sem Lava e todas essas loucuras ficam passando pela minha cabeça com a velocidade de uma rajada de balas. RG1-A. Vacinas. Cadáveres. Regulamentos. Motivos. Será que dói? E conforme as coisas vão ficando cada vez mais estranhas, como acontece no meio da noite, as idéias proibidas começam a brotar na cabeça como um refrão repetitivo. Por isso me levanto, ligo a viatura e atravesso a base até o alojamento dos Cães da Lava, com todas essas imagens e pensamentos estranhos, como "Como diabos alguém pode matar um cãozinho como aquele? Ordens? *Ordens*? Desde quando os fuzileiros seguem as ordens?"

Quando chego, está tudo escuro, todos dormem e eu não consigo ver Lava em lugar nenhum.

— Ei, amiguinho — murmuro, esperando que ele salte para os meus braços com o coração palpitando de alegria.

Em vez disso, ouço um rosnado baixo, o aviso de Lava de que ele está pronto para me pegar e, em seguida, aquela pequena sombra vem correndo na minha direção com a cauda peluda levantada, fazendo *grrr*.

Corpos se erguem em todos os beliches.

— Ei, calma caras, sou eu...

— Quem diabos é *eu*? — rosna alguém, enquanto ouço o som de vários fuzis sendo destravados para um pouco de ação.

Abaixo-me e pego Lava.

— *Shhhh!* Sou eu. Só eu.

Os corpos se deixaram cair novamente nos beliches. Diversos travesseiros voltam a seus lugares e diversos fuzileiros usam meu nome — e o de Deus — em vão.

— Ei, ei, calma — digo a Lava, que está tremendo de felicidade com o que tinha feito e encontrado. Fico sentado ali no escuro por algum tempo, coçando as orelhinhas dele até que ele finalmente se acalma e adormece enroscado no meu colo.

Será que estou louco?

Sou um tenente-coronel do Corpo de Fuzileiros Navais dos Estados Unidos. Sou oficial de uma irmandade que está sempre na linha de frente da batalha, e isso resume praticamente tudo. Somos valentes até a loucura, e por isso, para início de conversa, para ser fuzileiro naval é preciso ter certo tipo de atitude.

E isso significa que nem sempre cumprimos ordens.

Em geral, acredita-se que a gente entra na marinha menino e sai homem, como se eles tivessem essa capacidade mágica de transformar o que você *é*, mas a grande verdade é que já éramos loucos quando entramos e continuamos loucos ao sairmos, a diferença é que agora cantamos o hino dos fuzileiros e aprendemos artes marciais maneiras.

Louco não é a palavra adequada. Nenhum de nós realmente acredita que os fuzileiros guardem as ruas do Céu, mas o quanto de sanidade há em querer estar na linha de frente da batalha? Sou capaz de me colocar de fora de maneira fria, calculada, científica, enxergar isso como realmente é: não se trata de loucura, e sim de um gene primitivo que exige que alguns de nós sejamos os mais bem preparados, os mais valentes e os melhores que existem — e os oficiais de relações públicas ainda incluem as palavras *mais orgulhosos*, para que não nos sintamos homens das cavernas com uma dose de cafeína.

E não é porque éramos diferentes ou não gostávamos de esportes de equipe, nem porque não pudemos pagar a universidade, porque fomos convencidos pelos homens do recrutamento ou fomos abandonados por alguma namorada e tivemos a necessidade de provar alguma coisa. Esses caras se alistam no exército. Não tivemos infâncias infelizes, não odiamos matemática, não judiamos dos magricelas nos parquinhos e não provocamos incêndios em garagens.

E também não é porque nos alistamos sem pensar no que estávamos fazendo, ou porque depois de entrar, não nos deram tempo para pensar. Acreditem, a falta de sono, o racionamento de comida e o treinamento físico fazem com que pensemos nisso um bocado. Somos voluntários. Não passamos por lavagem cerebral. Nossas almas não foram espoliadas.

Simplesmente não conseguimos evitar.

Não servimos para nada mais. Já éramos fuzileiros quando entramos e somos fuzileiros quando saímos. Não *queremos* obedecer às ordens.

E quer saber de uma coisa? Já não me importo. Eu me preocupava, no início. Preocupava-me com as objeções de meus pais, com o desprezo de meus colegas de faculdade, em ser chamado de "cabeça de jarro" pelo resto da vida. Mas, droga, não podia evitar. No momento em que assinei na linha pontilhada, senti-me quase levitando, uma sensação que jamais experimentei novamente.

Urra.

Ouvindo esses caras roncando à minha volta, vi que realmente gosto do que sou — um fuzileiro naval. Gosto de ser forte. Gosto de ser valente. Gosto de ser o primeiro a entrar na briga. *Quero* ser o primeiro a entrar, e serei um desgraçado se deixar alguém atirar no meu cachorrinho.

Capítulo 10

Dezembro de 2004

Rancho Santa Fé, Califórnia

John Van Zante está tendo dificuldade para prestar atenção na conferência telefônica. A conferência era importante, visava levantar idéias para uma campanha de adoção de animais de estimação para o Centro Helen Woodward para Animais, mas a nova missão atrapalhava sua concentração.

A nova missão surgiu quando o chefe de John, Michael Arms, lhe falou sobre um fuzileiro naval que precisava de ajuda para tirar um cachorrinho do Iraque. Aparentemente, uma série de e-mails enviados por um tenente-coronel em Faluja fora encaminhada a amigos de amigos de amigos de Michael Arms, que, como ex-fuzileiro no Vietnã e agora presidente do Centro Helen Woodward para Animais, não pôde escolher entre ajudar ou não. A missão do centro — "pessoas ajudando animais e animais ajudando pessoas" — e a missão dos fuzileiros, na ativa ou não, não permitiriam isso.

— Você vai ajudar? — perguntou John.

— É claro que *nós* vamos ajudar — respondeu Arms. — Pode cuidar desse assunto?

John balançou a cabeça. Ajuda? *Sua* ajuda? Ele não sabia que tipo de ajuda poderia oferecer estando em Rancho Santa Fé. A cidade fica muito perto de San Diego, uma importante cidade militar, e, embora quase todas as conversas tivessem a ver com a guerra, aquela história deixava o conflito muito mais próximo do que ele estava habituado. Agora, os relatos que ouve a respeito do Iraque projetam toda sorte de pensamentos que ele sabe serem ridículos, mas não consegue afastar: um cachorrinho morrendo esmagado na mochila de um fuzileiro naval, um cachorrinho atropelado por um carro de combate, um cachorrinho decapitado por rebeldes.

Afinal, que diabos poderia levar um fuzileiro durão, veterano de três guerras, a tentar salvar um cãozinho no meio de um conflito? E por que motivo ele, um pacato relações públicas foi indicado para ajudá-lo? Ele não era soldado. Não sabia nada sobre o Iraque.

Embora a instituição oferecesse diversos programas que estreitavam os laços entre humanos e animais, inclusive um Programa Terapêutico para Encontros com Animais de Estimação, um centro de adoções, um programa de eqüinoterapia e um hospital eqüino, John não sabia se estavam preparados para retirar um cachorrinho do Iraque.

O centro concentra sua atividade na difusão de conhecimento, compaixão e respeito para com todas as coisas vivas. Claro que são ideais elevados, mas postos efetivamente em prática. A Terapia de Encontros, por exemplo, leva animais — cães, coelhos, passarinhos — a abrigos para crianças vítimas de abusos, hospitais, instituições psiquiátricas e lares para idosos, cujos residentes seguram e acariciam os animais até que sua pressão sangüínea diminui ou sua hiperatividade se acalma ou seu desejo de entrar em um buraco e morrer desaparece por algumas horas preciosas.

Mas era claro que o centro não tinha tempo para se concentrar em um único cachorrinho no Iraque.

Também, provavelmente, não tinha tempo para não fazê-lo.

Para começar, John havia aceito aquele trabalho pelo motivo único de que não havia tempo suficiente para fazer tudo que precisava ser feito. Anos antes, ele encarou a morte quando soube que o irmão sofrera um ataque cardíaco e a irmã tinha câncer. Havia se convencido de que, embora sua carreira de locutor comercial fosse suficiente para pagar as contas, não prometia palavras poéticas em seu epitáfio. Pelo menos aquele emprego lhe dava um motivo para sentir-se motivado. E lhe permitia tempo para fazer algo que tivesse algum significado. Tornava possível salvar algumas pessoas e animais de vida e morte horríveis. O problema, porém, era que salvar somente alguns tornava mais difícil não salvar todos.

E agora, como Arms aceitara ajudar o fuzileiro e seu cachorrinho, John quase não pensava em outra coisa. Lia as reportagens sobre a guerra com uma nova sensação de urgência. Estudou mapas, investigou a legislação de exportação, deu telefonemas e escreveu cartas a todas as pessoas que achava que poderiam ser úteis, inclusive os senadores da Califórnia.

O cachorrinho foi encontrado abandonado durante uma patrulha em Faluja. Um tenente-coronel do Corpo de Fuzileiros Navais, originário de La Jolla, Califórnia, apaixonou-se pelo animalzinho. Estamos trabalhando para trazer o cãozinho para os Estados Unidos... Independentemente de partido político, acreditamos que isso demonstra que os Estados Unidos e nossos militares respeitam todo tipo de vida. Existe algo mais inocente do que um filhotinho de cachorro? Qualquer ajuda ou conselho que pudermos receber será bem-vindo... o tempo urge.

Os participantes da conferência telefônica incluíam John, seu chefe, diversos executivos e agentes de relações públicas da empresa de alimentos para animais Iams, que co-patrocinava o evento Home 4 the Hollidays, a maior campanha de adoção de animais do mundo e o mais importante acontecimento do ano para o centro.

Como gerente de relações públicas da instituição, John tinha papel relevante no Home 4 the Hollidays. A idéia do evento surgira da constatação de que o número de famílias que aceita animais em seus lares é maior durante as festas de fim de ano do que em qualquer outra época, e por isso a Iams, o centro e mais 1.800 abrigos de animais em todo o mundo usavam o slogan: "Que presente pode ser maior do que salvar a vida de um órfão?"

John sabia que não podia haver maior presente do que tornar-se útil, mas convencer gente que usa cães de raça adestrados como símbolo de status a adotar vira-latas sem pedigree e sem treinamento era o mesmo que convencer porquinhos-da-índia a lutar pela independência. Era o projeto mais difícil do ano, e ele precisava se concentrar.

— John?

Ele se empertiga na cadeira ao reconhecer a voz de Mike Arms do outro lado da linha.

— Sim?

— Por que não conta a essa gente a história do cachorrinho no Iraque?

Mesmo naquele momento, em meio a uma sessão de troca de idéias, nove décimos da mente de John continuavam voltados para Faluja.

— John?

— Sim?

— A história do cachorrinho.

Ele não tem escolha. Dedica-se à história — "... encontrou o cachorrinho... batalhas terríveis... não pode ficar com animais de estimação..." — com a certeza de que ninguém no grupo se interessaria. Sequer faz uma pausa para recuperar o fôlego, apenas trata de descrever rapidamente os acontecimentos para acabar com aquilo o mais depressa possível.

"É compreensível que haja uma ordem proibindo os animais de estimação. Os fuzileiros têm de se concentrar em um único objetivo, e somente nesse objetivo, portanto, compreendemos que haja regulamentos como esse. Sei que temos de nos concentrar no projeto de adoção de animais, mas vocês deveriam ler os e-mails. Não posso imaginar o que está acontecendo por lá, em volta deles. Esse homem que era um de nossos vizinhos agora está no meio de uma zona de combate e descobriu uma vida que precisa ser salva. Por isso, qualquer que seja nossa posição sobre a guerra, no meio disso tudo, dessa horrível batalha em Faluja..."

Fez uma pausa e respirou fundo.

"... a vida ainda é muito importante."

Quando termina, John se recosta na cadeira, em busca de ar.

Capítulo 11

Dezembro de 2004

Acampamento Faluja

Depois que tomo a decisão, o salvamento de Lava se torna uma missão não programada que eu não tenho meios para delegar e nem coragem para abandonar. O único problema é que o inimigo não está em prédios abandonados sussurrando *Jihad*; está pendurado na parede do centro de comando e faz tiquetaque.

Tenho 48 horas antes de partir para Balad, o que significa que tenho exatamente 2.880 minutos para conseguir permissão superior para transportar com Buck o cachorrinho num avião militar, encontrar um veterinário disposto a vacinar Lava e ainda encontrar uma maneira de levá-lo ao veterinário e trazê-lo de volta inteiro.

Venho trocando e-mails com um sujeito cujo nome é John Van Zante, que trabalha para um grupo chamado Centro Helen Woodward para Animais, em Rancho Santa Fé. Parece ser boa pessoa e diz que o centro vai procurar ajudar Lava e eu. Por quê? Não sei o motivo e não tenho tempo para perguntar.

Durante os dois dias seguintes, agarro-me a um computador onde posso, seja em um dos escritórios ou no centro de comando — uma sala enorme, de pé-direito alto, com luzes baixas e projetores ligados o tempo inteiro mostrando onde estão nossos soldados em imagens recebidas dos aviões não tripulados que sobrevoam Faluja. Há também um grande relógio na parede.

ᘓ

No Centro de Comando: John Van Zante envia um e-mail dizendo que a companhia Iams de alimentos para animais quer me ajudar no que for possível. John e o gerente de relações exteriores da Iams, Kris Parlett, estão entrando em contato com todas as pessoas que possam imaginar — incluindo toda a bancada da Califórnia no Congresso — para encontrar para mim o nome de um veterinário iraquiano. "Estamos fazendo todo o possível para trazer seu cãozinho para casa", escreve John.

ᘓ

No prédio dos oficiais: Reúno alguns pertences, fingindo estar preparando minha bagagem. Uniformes camuflados: OK; munição: OK; meias: OK.

Olho para o relógio. Se correr o bastante, poderei atravessar a base, ver Lava e voltar ao computador em trinta minutos. Sabão: OK; barbeador: OK; mais munição: OK.

Mas não posso perder trinta minutos somente para alimentar a fraqueza emocional que invadiu minha vida. Três fotos de Lava: OK, OK, OK.

ᘓ

No Centro de Comando: John Van Zante e Kris Parlett encontram um veterinário iraquiano. Estouro champanhes mentalmente. Trata-se de uma mulher, a dra. Farah Murrani, conhecida por ajudar animais perdidos. Trabalhou com os militares norte-americanos, em Bagdá, quando o zoológico da cidade foi bombardeado e, com a ajuda do exército dos Estados Unidos, organizou a Sociedade Iraquiana de Proteção aos Animais, em janeiro de 2004.

Àquela altura, a dra. Murrani era cada vez mais considerada uma colaboradora dos Estados Unidos e, quando dois de seus amigos que trabalhavam para os norte-americanos como intérpretes foram assassinados, ela fugiu do Iraque para a América. Ela está disposta a ajudar, segundo o e-mail a mim encaminhado:

> *Sou a dra. Farah Murrani, da Sociedade Iraquiana de Proteção aos Animais, em Bagdá, e recebi o e-mail que o senhor mandou ao zoológico Cheyenne Mountain. Se o proprietário do cachorrinho puder levá-lo à Sociedade, eles tratarão de tudo, inclusive providenciarão um atestado de saúde. A Sociedade fica em Bagdá, no parque Zawra, em frente ao zoológico da cidade. Se tiverem quaisquer dúvidas, diga que entrem em contato comigo por e-mail.*

Amanhã sairá do Acampamento Faluja um comboio de suprimentos para Bagdá e, embora teoricamente eu possa seguir com Lava nessa expedição e voltar a tempo de fazê-lo chegar a Buck, os comboios para Bagdá são suscetíveis a toda sorte de problemas — ataques de surpresa, especialmente — e a coordenação das viagens nem sempre sai como planejado. Além disso, eles teriam de esconder Lava em um dos veículos e, sabendo como ele é, tenho certeza de que faria questão de que todos os comandantes do comboio soubessem que estava lá pronto para protegê-los de todos os inimigos.

Se conseguirmos levar Lava a Bagdá, vaciná-lo e trazê-lo a tempo de embarcá-lo no vôo de Buck, de acordo com John Van Zante, a Iams cobrirá todas as despesas.

É um disparo a distância e fora de mira, mas, com o tempo se esgotando, é meu único tiro.

Do Centro de Comando:

> *Dra. Murrani, sou o fuzileiro naval que está tentando levar o cachorrinho a um veterinário em Bagdá. Talvez haja uma oportunidade amanhã (quarta-feira) aqui no Iraque. Seria preciso que eles me encontrassem em algum lugar na Zona Internacional e eu precisaria deixar o cãozinho com eles por cerca de um mês — pagarei com prazer as despesas (cuidados médicos, alimentação) e farei uma doação à sua clínica ou ao Zoológico de Bagdá como prova de minha gratidão — até que possa ir buscá-lo depois de minha próxima missão. Se isso for razoável, por favor, avise-me, e por favor informe o e-mail da pessoa que devo contatar de manhã. Agradeço antecipadamente sua ajuda. Todos os fuzileiros ficaram muito afeiçoados a Lava, como o chamamos, e queremos que ele tenha a melhor assistência possível.*

No Centro de Comando: Nenhuma resposta da dra. Murrani.

No Centro de Comando: Nenhuma resposta da dra. Murrani ainda.

No Centro de Comando: Nenhuma resposta da dra. Murrani ainda.

No alojamento dos Cães da Lava: Lava faz xixi quando entro no quarto onde ele está escondido. Ele faz xixi todas a vezes que o vejo. Acho que é porque em geral eu o acordo, como nessa noite, e ele fica feliz em me ver, mas um dos camaradas diz que isso é um sinal de submissão, o que me aborrece por motivos que não tenho tempo de determinar.

No Centro de Comando: Nenhuma resposta da dra. Murrani ainda.

No Centro de Comando: Nenhuma resposta da dra. Murrani ainda.

No Centro de Comando: Ela precisa entrar em contato comigo. É preciso! Só me restam 4 horas e 20 minutos antes de me apresentar no heliporto, mas só consigo pensar em dar mais uma escapada ao alojamento dos Cães da Lava para ver o cãozinho novamente. Mas já não resta muito tempo. Deixei passar a oportunidade, e agora tudo o que tenho é uma bagagem malfeita e um nó no estômago.

Os Cães da Lava prometem cuidar dele enquanto puderem, mas ele é um terrível guerreiro e vai ser difícil mantê-lo calado quando as pessoas erradas estiverem por perto. Ele percebe imediatamente os inimigos e, mesmo quando a gente suplica para que fique quieto, oferece uma guloseima e explica que a pessoa para quem ele está rosnando é um comandante que pode mandar fuzilá-lo, e isso dói, dói muito, ele fica muito excitado e não entende.

Na zona de pouso: Partimos para Balad à noite para evitar sermos detectados. Mas o barulho desse helicóptero — um Stallion de 30 metros capaz de voar a quase 300 quilômetros por hora e transportar 16 toneladas de carga — é tão forte e alto que qualquer pessoa num raio de 15 quilômetros vai saber que estamos chegando. Se você for esperto e não quiser ser indenizado pela perda da audição pelo resto da vida, trate de usar os tampões de ouvido.

O barulho começa acima de nossas cabeças, e todos a bordo fazem alguma coisa: mexem em suas bagagens, arrumam objetos. Estou sentado junto à porta aberta, vendo Lava fazer xixi. Sinal de submissão. Meu Deus. Quero que ele seja leal, mas não que seja submisso. Quero que ele sobreviva.

O helicóptero levanta vôo. Vamos voar baixo. As luzes do Acampamento Faluja desaparecem.

Segunda Parte

> "Sim, és pó e ao pó voltarás."
>
> Gênesis, 3:19

Capítulo 12

Maio de 2005

Bagdá

DAVID MACK EXAMINA NOVAMENTE os documentos. Não podem ser legítimos. Mas Ken Licklider já concordou e Brad Ridenour já está a caminho, vindo de Kirkurk, e por isso tem de funcionar.

David foi gerente da empresa de Ken no Afeganistão e no Iraque nos últimos três anos, e isso significa que ele sabia como achar brechas nos regulamentos melhor do que ninguém. Não que houvesse muitos regulamentos a serem seguidos naquele lugar, o que às vezes nos levava à loucura porque muitas regras eram feitas no momento — como o valor das "taxas" que deviam ser pagas pela documentação, por exemplo — e nunca se sabia bem o que esperar. Você não faz idéia do quanto é apegado às regras até não haver regras para seguir.

Isso não quer dizer que a Autoridade Provisória da Coalizão não tenha procurado organizar o país promulgando leis; o problema é que ainda não havia força suficiente para fazê-las serem respeitadas. Com os militares ocupados em perseguir os rebeldes, usando para isso todos os iraquianos não-rebeldes do sexo masculino, a maior parte do trabalho policial ficou por conta de empresas de segurança privada como a Triple Canopy. Só que essas empresas têm outras coisas a fazer. Foram contratadas para proteger, e não para fazer cumprir as leis.

Além disso, existem dois conjuntos de regras que devem ser conhecidos em Bagdá: os da Zona Vermelha e os da Zona Verde.

Na Zona Vermelha as regras são simples: (1) mover-se rapidamente; (2) permanecer vivo; e quem as faz respeitar é quem possui maior talento pirotécnico ou pilota os veículos blindados mais rápidos.

Na Zona Verde, onde fica David, na sede da Triple Canopy, as regras têm um aspecto mais protocolar. É preciso que seja assim porque é lá que o centro do universo içou sua bandeira mais recentemente.

A Zona Verde de Bagdá — cercada por blocos de concreto armado à prova de explosivos, espirais de arame farpado, canteiros de terra, correntes de isolamento e dúzias de postos de controle armados; vigiada por helicópteros, blindados Abrams, viaturas blindadas, carros de combate Bradley e patrulhas de infantaria — é uma comunidade muito bem protegida. É uma bolha bem guardada, um clube privado onde somente entra a nova elite iraquiana, incluindo membros do obscuro governo, um ou outro tipo de parceiros da coalizão e funcionários das principais empresas de consultoria norte-americanas.

Localizada no centro da cidade, a Zona Verde se resume a glamour ultrapassado — antigos palácios presidenciais de Saddam Hussein, mansões construídas para parentes da família real derrubada, casas luxuosas dos membros do partido Ba'ath, antigos centros de convenções, museus, parques, passeios e jaulas para os leões antropófagos de Saddam. Dentro dos limites da zona, há serviço de táxi, um hospital, barbearias e dois restaurantes chineses de iraquianos.

Se você não tem a sorte de encontrar alojamento num desses palácios, tem de ficar hospedado em um trailer rodeado de sacos de areia. Mas isso ainda é melhor do que morar na Zona Vermelha, porque na Zona Verde, pelo menos, todos falam inglês e têm acesso à CNN, então é possível saber o que está acontecendo do lado de fora do perímetro.

O complexo da Triple Canopy onde fica David Mack é uma estrutura independente e murada dentro da Zona Verde independente e murada. Possui suas próprias torres de vigia, ocupadas dia e noite por uma força estrangeira de segurança que cuida das unidades residenciais, do refeitório, da lavanderia, do ginásio, dos canis e dos contêineres cheios de munição. Se você precisa ficar em Bagdá, ali é o lugar ideal.

Mesmo assim, existe perigo. A toda hora surgem morteiros acima dos muros da Zona Verde, e por isso as regras, pelo menos as que existem, também são fluidas.

Entre os empreiteiros circula um e-mail que mais ou menos resume a situação:

Você já passou do tempo de sair do Iraque quando...

Começa a pensar que aqui não é tão ruim assim.

Não se sobressalta quando uma porta bate ou alguém deixa cair alguma coisa.

Uma pistola Glock ou uma de 9mm no quadril de uma mulher é considerada sexy.

O barulho dos morteiros e mísseis nada representa comparado com os carros-bomba.

Consegue medir as distâncias com base no som das explosões.

Sabe a diferença entre "chegando" e "partindo".

Conversar com seus colegas sobre diferentes modos de morrer é considerado "conversa de botequim".
Os buracos de balas nos carros já não o assustam.
Dirigir nas calçadas é normal.
Dirigir na contramão numa avenida de quatro pistas com um canteiro no meio também é considerado algo normal.
Batidas de pouca importância nos carros, cujos culpados saem correndo, são tratadas como simples advertências.
Você guarda seu próprio rolo de papel higiênico no carro.
Você acha que os buracos de balas no teto de seu trailer servem para ventilação.

Sendo assim, saber se os documentos que David Mack tem em mãos são ou não legítimos é uma questão de interpretação. O problema é que há hoje uma grande quantidade de possíveis interpretações diferentes, e isso o preocupa.

Capítulo 13

Janeiro de 2005

Balad

Balad não é uma missão super-secreta ou qualquer coisa assim, mas o grupo com o qual eu trabalho — a Força-Tarefa 6-26 — é uma unidade de operações especiais que persegue indivíduos altamente importantes como Abu Musab al-Zarqawi. Também trabalhamos com prisioneiros iraquianos que suspeitamos reunir informações relevantes, que poderiam desmantelar a insurgência, mas que não querem nos contar o que sabem.

Estou muito bem alojado num trailer com um quarto só para mim, uma geladeira e um armário, além de um cofre na parede. Há um banheiro com uma privada de verdade, onde posso me sentar e dar descarga, uma pia e um chuveiro. Em nosso centro de comando, temos um ginásio que nos Estados Unidos exigiria uma taxa de inscrição de quinhentos dólares e mais cinqüenta por mês de cada sócio, tevê de plasma e um posto de trocas completo, até com Burger King.

Seria uma ótima missão se não fosse esse problema que me atormenta, essa coisa que tenho de fazer e que não quero fazer.

Desde o instante em que chego a Balad, mantenho a esperança de que alguma coisa mágica vá acontecer sem que eu saiba e resolver tudo a respeito de Lava. Ele ainda está em segurança com os Cães da Lava no Acampamento Faluja, mas lendo o e-mail de John Van Zante, que parece uma mensagem de estímulo mas soa duvidosamente como uma carta de pêsames, lembro-me de que nada mágico aconteceu no Iraque desde que Deus tirou uma das costelas de Adão.

A Iams ajudará da melhor maneira possível. Se o senhor precisar de algum suprimento, por favor, avise-me. Se quiser ração para filhotes, por favor, diga-me para onde enviar. Devo mencionar que a Iams tentou enviar um grande carregamento a um porto do Iraque no ano passado. Fiquei sabendo que foi devolvido porque as rações caninas da Iams e da Eukanuba contêm produtos animais que fazem muito bem aos cães pequenos, mas houve objeções por parte dos trabalhadores iraquianos encarregados de desembarcar o alimento.

Estamos prontos a acolher seu cachorrinho no Rancho Santa Fé tão logo ele chegue aos Estados Unidos.

Depois de ler as entrelinhas, faço algo que tenho horror em fazer. Escrevo a Anne Garrels. Ela está nos Estados Unidos há menos de trinta dias, mas deve voltar a Bagdá para as eleições ainda neste mês. Detesto ter de escrever, porque ela estava acabada quando partiu de Faluja, mas escrevo assim mesmo e peço que fique com Lava em Bagdá ao voltar, até que eu consiga achar uma solução.

"Será só por pouco tempo", prometo.

Nesse meio-tempo, finalmente recebo um e-mail da dra. Murrani, depois de esperar várias semanas:

> *Caro senhor, lamento, mas somente hoje vi sua mensagem. Estive muito ocupada e não verifiquei minha caixa de entrada. Nem sei se ainda poderei ser útil...*

A dra. Murrani diz que se eu conseguir levar Lava a Bagdá o pessoal que dirige a Sociedade poderá vaciná-lo. O problema é que a clínica não fica na Zona Verde, protegida, o que significa que vai ser muito difícil encontrar alguém que o leve até lá. E, mesmo que eu consiga, ela me informa que Lava tem de ter pelo menos quatro meses para poder tomar a vacina contra raiva, e acho que agora ele deve estar com dois meses ou menos.

"Conhece alguém em Bagdá que possa tomar conta dele por algum tempo?", pergunto a ela. "Estou sinceramente mal porque será horrível se tivermos de tirá-lo do acampamento e abandoná-lo. Ele ainda é realmente muito pequeno — e agora muito dependente — para conseguir sobreviver sem ajuda."

A dra. Murrani responde que vai entrar em contato com amigos que moram na Zona Verde para ver se aceitam Lava. "Na verdade, não posso garantir nada", diz ela, "mas vou tentar."

Depois recebo a resposta de Anne, que promete tentar manter Lava em Bagdá durante algumas semanas até depois das eleições, quando terá de ir para o Cairo. Assim, Lava ganha mais algum tempo.

Fico sabendo que foram instaladas armadilhas no Acampamento Faluja para pegar cães vadios e que o oficial executivo dos Cães da Lava descobrira a existência de Lava e estava entrando com uma denúncia com base no Regulamento Geral 1-A.

Depois descubro que os camaradas o contrabandearam para o destacamento de segurança pessoal do general-comandante do Acampamento Faluja. Rosno diante do computador quando leio a mensagem.

O destacamento de segurança pessoal do general-comandante? Essa é a turma que obedece a todas as regras porque está protegendo a pessoa mais importante do acampamento — cujo trabalho é justamente decidir quais são as regras. Em que diabo eles estão *pensando*?

Capítulo 14

Janeiro de 2005

Acampamento Faluja

Na verdade, os Cães da Lava estão pensando muito bem — afinal, qual seria o melhor lugar no acampamento para esconder contrabando, e a última pessoa que alguém imaginaria poder ocultá-lo? Acharam que o sargento Matt Hammond, que servia com a equipe de segurança pessoal do general-comandante, era o candidato ideal.

Matt Hammond é um bom fuzileiro, de dedicação exemplar, o tipo de sujeito patriota, filho de militar, que adora os fuzileiros desde criança. Ele sempre soube que queria se alistar e até hoje diz que os fuzileiros são os heróis de sua infância, o que faz com que o restante de nós se sinta como impostores, porque crescemos adorando os heróis das histórias em quadrinhos.

Eis até que ponto Matt Hammond é leal:

Ele está em Faluja, certo? Patrulhando ou seja o que for em um lugar nada agradável, certo? Afinal na cidade não há eletricidade nem água nem esgoto, e, como há cadáveres apodrecendo por toda parte — debaixo dos destroços, dentro das casas, nas ruas —, o ar é tão alienígena quanto a atmosfera de outro planeta. No total, pelo menos 1.200 rebeldes e um número desconhecido de não-combatentes morreram, e 44 fuzileiros já passaram pelo necrotério do acampamento.

Certa noite, Matt é ferido em um beco, e os rapazes o metem numa viatura e correm para o posto de socorro mais próximo. No caminho, uma granada acerta a viatura e a porta se abre, lançando-o à rua. Eles têm de voltar para recolhê-lo e, enquanto o procuram na escuridão, começa outro tiroteio. Matt está consciente durante todo o tempo, caído na rua. Quando ele conta o restante da história, sentimos um nó na garganta:

"Não sei o que aconteceu. Eles voltaram para me buscar, mas estava tão escuro que não podiam me ver, e os tiros recomeçaram. Lembro-me de que não conseguia respirar e tentei me arrastar até onde eles estavam. Depois disso, só me lembro dos gritos: 'Achamos! Achamos Matt!'

"Em seguida me transportaram para um hospital em Bagdá, mas, quando me disseram que eu teria de ir para outro hospital, na Alemanha, dei um jeito de chamar meus amigos no Acampamento Faluja e disse que não queria ir. Pedi que fossem me buscar.

"Davam-me muita morfina, e um dia eu estava deitado na cama do hospital, sonolento, quando ouvi uma voz que parecia a do general-comandante. Ouvi-o dizer: 'Calce os coturnos. Você está numa guerra.' Pensei que estivesse sonhando, mas era ele mesmo. Tinha chegado a Bagdá para me buscar."

Quando o helicóptero desceu no acampamento, mais tarde no mesmo dia, a equipe de Matt estava esperando por ele na área de pouso, numa viatura.

"Senti-me como se tivesse feito uma jogada espetacular no beisebol e todo o time estivesse esperando para me aplaudir."

Matt é dedicado assim. Totalmente leal. E adora cães.

Por isso, enquanto convalesce no acampamento, no alojamento de sua equipe, e os Cães da Lava levam o cachorrinho para ele às escondidas, Matt encara aquilo como uma missão. Ele não tolera o fato de que sua equipe sai todos os dias para o trabalho e ele continua preso ali, tentando aprender a andar novamente. Por esse motivo, cuidar de Lava passa a ser uma ocupação para ele.

Matt logo vê que Lava é um animalzinho danado e começa a pensar que talvez ele tenha sangue de coiote ou coisa assim. Ele é menor do que um saco de areia, mas age como um animal selvagem. Essa é a expressão correta: "...age como um animal selvagem."

Lava rói tudo o que pertence a qualquer pessoa: travesseiros, cobertores, roupas, cabos plásticos de armas; e, quando descobre os chinelos de borracha de alguém, inicia sua própria missão de busca e destruição. Depois escolhe um dos coturnos de algum fuzileiro e faz xixi dentro deles — só neles — noites a fio. E ainda há a necessidade compulsiva de proteger os rapazes do ruído e das sombras, qualquer ruído ou sombra, e seu ronco incessante, que começa a atacar os nervos dos soldados, já à flor da pele por causa dos combates.

Matt finalmente chega à conclusão de que, para salvar a vida do cãozinho, especialmente em relação ao fuzileiro de coturnos mijados, seria melhor arranjar um alojamento exclusivo para Lava. Obriga então o pelotão de engenharia do acampamento a construir uma casinha de compensado, que fica escondida nos fundos do prédio.

Matt e Lava acabam organizando bem suas vidas. De manhã, ambos regam o jardim improvisado com as sementes que a mãe de Matt mandou do Arizona. Depois ficam sentados atrás do prédio e brincam com os brinquedos que as famílias do pessoal da equipe enviaram quando souberam que eles tinham um cãozinho. Mais tarde, vão até uma tubulação de esgoto bombardeada, na extremidade do acampamento, para dar comida a uma ninhada de cachorrinhos que os rapazes encontraram.

Mas todos sabem que é uma questão de tempo até que Lava seja descoberto pelas pessoas erradas. Para começar, a cada dia ele fica maior e mais barulhento. Além disso, uma semana depois que Matt começa a alimentar os cachorrinhos órfãos, alguém, obedecendo ordens, cobre de terra a tubulação — com eles dentro.

CAPÍTULO 15

Janeiro de 2005

Fronteira com a Síria

FALTA UMA SEMANA PARA AS ELEIÇÕES. Anne já está a caminho de Bagdá, Lava continua no Acampamento Faluja e eu estou na fronteira com a Síria. Volto a ser babá de soldados iraquianos, que nessa parte do país se autodenominam Lobos do Deserto.

Preocupo-me com Lava, pois não o vejo há mais de um mês. Também me preocupo com Matt e seus companheiros, que estão tentando organizar um comboio especial, a que batizaram de "passeio para roer tudo", a fim de levar o cãozinho até Bagdá. Atualmente os fuzileiros são os alvos principais — os rebeldes e todas as pessoas ligadas a eles os odeiam de morte pelo que fizeram em Faluja. Mas me preocupo mais com Anne, que terá de ir buscar Lava em algum lugar da cidade que o Juiz parece estar marcando duro ultimamente.

A eleição está marcada para 30 de janeiro; os iraquianos vão eleger uma assembléia nacional que redigirá uma nova constituição e deputados representantes de cada uma das 18 províncias do país. O problema é que os xiitas e os membros da etnia curda perfazem 80 por cento da população do país e todos esperam uma vitória com ampla margem. E os sunitas, sabendo que serão derrotados, ameaçam boicotar a eleição em protesto pela destruição de Faluja. Assim, a guerra civil se aproxima como um carro de combate inimigo tão mal lubrificado que pode ser ouvido a quase dois quilômetros de distância.

Estou ansioso com a viagem de Lava a Bagdá, porque as coisas lá estão tensas. Desde antes da época de Saddam Hussein o país não conhece uma eleição transparente. Para os iraquianos famintos de poder político, o pleito representa uma lauta refeição — e além de terem fome, muitos dos comensais estão armados.

Avaliem: um total de 196 partidos políticos e 33 coalizões, representando mais de 18.900 candidatos, apressa-se a concorrer. A eleição apresenta aos eleitores uma abundância de partidos formados às pressas, como a Coalizão Iraquiana Unida, o Partido Islâmico Iraquiano e o Movimento Monárquico Constitucional, cada qual oferecendo listas de candidatos, inclusive a "Lista Iraquiana", a "Lista de Estabilidade e Segurança" e a "Lista de Segurança e Justiça".

As autoridades eleitorais procuram manter a ordem — por exemplo, os candidatos não podem receber recursos de milícias — e cada um tem de fornecer um logotipo ou símbolo para que os eleitores analfabetos possam reconhecê-los. Quando começam a surgir logotipos com fuzis Kalashnikov, covas comuns e o Corão com um halo em volta, todos compreendem que as coisas ficariam bem complicadas.

Tão logo se registram, porém, os candidatos recebem ameaças de morte ou, no caso de pelo menos dez deles, balas certeiras na testa. Os candidatos ficam com medo de sair de casa. A menos que um partido tenha sua própria milícia, seus membros não podem se candidatar e se manter vivos ao mesmo tempo. A campanha, portanto, é feita ao estilo iraquiano: os candidatos contratam pessoas para correr às ruas, colocar alguns cartazes e voltar bem depressa para a segurança de sua casa, antes que sejam vistas. Os slogans nos cartazes são diretos e simples: PÁTRIA LIVRE — POVO FELIZ! ou NÓS TRAREMOS A ELETRICIDADE DE VOLTA! Alguns candidatos, incluindo o primeiro-ministro interino Iyad Allawi, pagam anúncios na tevê: "Vamos nos esforçar para reduzir o desemprego usando investimentos em petróleo para criar 250 mil novos empregos nos setores público e privado..." Mas nem o primeiro-ministro é imune às ameaças. Logo depois da transmissão de sua mensagem pela televisão, uma organização filiada à Al-Qaeda exibe uma gravação na Internet mostrando o assassinato de um candidato do mesmo partido de Allawi. No filme, uma advertência ao primeiro-ministro: "Traidor, espere pelo anjo da morte." Sendo assim, os candidatos, em sua maioria, evitam aparecer em público, escondem-se em suas casas e rezam.

Pouco antes da eleição, o governo provisório planeja fechar as fronteiras, cortar todos os serviços telefônicos celulares e por satélite e proibir viagens entre as províncias. Também anuncia que estocou leitos de hospital e suprimentos médicos, aguardando a democracia.

Por isso, é claro, estou preocupado com Lava, Matt e Anne.

As manchetes dos jornais na semana anterior às eleições são monótonas:

PELO MENOS 21 MORTOS POR HOMENS-BOMBA

ASSASSINADO O GOVERNADOR DE BAGDÁ, ALI AL-HAYDARI

PELO MENOS 20 MORTOS EM ATAQUES REBELDES

MILITANTES DECAPITAM IRAQUIANO QUE TRABALHAVA PARA A COALIZÃO E MATAM PELO MENOS MAIS QUATRO

MILITANTES MATAM OITO SOLDADOS DA GUARDA NACIONAL IRAQUIANA

ONZE MORTOS POR HOMENS-BOMBA

PELO MENOS 14 MORTOS E 40 FERIDOS POR CARROS-BOMBA PERTO DE MESQUITA XIITA

BOMBA DETONADA PERTO DO GABINETE DO PREMIER IRAQUIANO

JUIZ IRAQUIANO ASSASSINADO EM BAGDÁ

CARRO-BOMBA NA SEDE DO GOVERNO PROVINCIAL MATA CINCO PESSOAS

20 MORTOS EM UMA SÉRIE DE ATAQUES COM MÍSSEIS, MINAS NA MARGEM DA ESTRADA E CARROS-BOMBA

Depois de algum tempo, parece uma paródia dos livros do dr. Seuss: *Em Bagdá estão decapitando gente, pegue um quarto de hotel com janela de frente.*

Quem tem de trabalhar em Bagdá ou não consegue sair da cidade fica ansioso vendo morrer empreiteiros, civis e soldados iraquianos. As forças norte-americanas não têm melhor sorte. Durante o mês de janeiro, 641 soldados norte-americanos são mortos ou feridos.

Entre eles 31 Cães da Lava, num desastre de helicóptero em uma tempestade de areia, quatro dias antes das eleições.

Capítulo 16

Janeiro de 2005

Fronteira com a Síria

Verifico meu e-mail mais uma vez antes de ir dormir. Ao ver o nome de Anne na caixa de entrada, a preocupação se rende a uma sensação de pânico que eu não tive nem nos piores momentos do combate em Faluja.

No início da semana, os rapazes do Acampamento Faluja inventaram uma desculpa para organizar um comboio para Bagdá, onde devem entregar Lava a Anne. Esperar por essa operação — a viagem a Bagdá e a entrega propriamente dita — parece a eternidade numa trincheira, porque não tenho meios de saber o que está acontecendo. Se estivesse jogando beisebol com uma granada em vez de uma bola, estaria mais calmo.

Um dos rapazes me mandou um e-mail pela manhã pedindo a senha do meu celular para poder ligar para Anne e organizar a entrega. Depois disso, não soube de mais nada, sequer se ele havia conseguido entrar em contato com Anne, se ela respondera, se os rapazes haviam partido, se o comboio chegara a Bagdá, se Anne entrara na Zona Verde ou se os fuzileiros, Anne e Lava ainda estavam vivos.

Mas estou otimista. Estou muito otimista. Minha confiança em meus camaradas fuzileiros é à prova de bala. Aterrissando com um E2C Hawkeye no convés de um porta-aviões ou cobrindo minha retaguarda num beco em Faluja, sei que o desempenho deles não será diferente daquele dos treinamentos. Mas o resgate de Lava não é a mesma coisa. Uma espera como essa exige uma fé cega. Se Lava saltar da viatura no caminho para Bagdá, será que eles saltarão atrás dele para buscá-lo? Se um oficial descobrir o cachorrinho escondido no comboio e mandar matá-lo, eles obedecerão? Se não conseguirem escapar da base em Bagdá, se não encontrarem Anne, se receberem uma ligação de casa e perderem a hora do encontro arranjarão outro meio ou o deixarão na rua?

Você nunca deve pedir aos homens sob seu comando que façam alguma coisa que você próprio não faria. Você é o primeiro a saltar de pára-quedas, ajuda a abrir caminho, conta a munição junto com eles para que confiem em você. Mas será que eu faria tudo isso pelo cachorro de outra pessoa se me pedissem? Até hoje não tenho certeza.

Eu deveria ter deixado Lava em Faluja quando saí de lá. Claro, seria difícil, mas a culpa só nos atormenta quando prestamos atenção nela, como um carrapato grudado no pescoço. Assim eu não teria passado todas aquelas noites preocupado em saber quem estava cuidando de Lava, o que aconteceria se as pessoas erradas o descobrissem e como o matariam se o encontrassem. Não teria de passar tempo brincando com ele, alimentando-o e tratando de encontrar um jeito de vaciná-lo e de arranjar comida com os adestradores militares.

Mas tudo o que fiz por ele fiz por mim mesmo. Isso me ajudou a esquecer todas as misérias daquele lugar. Eu passava os dias e as noites esperando por uma notícia, qualquer uma, mesmo a pior.

Diante de mim está o e-mail de Anne, com o potencial de uma bomba caseira.

Normalmente, a gente não se preocupa tanto assim com o valor da vida aqui, com a maneira de assegurar cada respiração e proteger cada batida do coração, porque podem ser as últimas. Pensar nisso não é permitido, é proibido, posto em quarentena até segunda ordem porque se você ficar obcecado pela morte, procurar deuses mais poderosos ou pensar por muito tempo no próprio futuro, acabará perdendo a concentração e levando um tiro na cabeça.

É preciso ser mais durão do que isso, mais forte do que isso, mais esperto do que isso. Mas, quando finalmente junto coragem suficiente para abrir o e-mail de Anne, perco o controle e começo a chorar.

Capítulo 17

Janeiro de 2005

Bagdá

Anne sempre me disse que a maioria dos norte-americanos não entende que existem dois países diferentes dentro dos limites de Bagdá. Nem mesmo os fuzileiros do Acampamento Faluja que entraram em contato com ela sobre a entrega de Lava entendem bem. O e-mail dela explica isso, mas o que realmente me importa é se tudo vai acabar bem.

Anne costuma ficar hospedada em um complexo de prédios na Zona Vermelha da cidade. Trata-se de um lugar completamente diferente do hotel de onde mandava suas reportagens em 2003, quando fazia parte do grupo de 16 jornalistas norte-americanos que permaneceram em Bagdá durante a invasão inicial do Iraque por forças dos Estados Unidos e da Grã-Bretanha. Durante o cerco, ela enfrentou a censura constante dos iraquianos no governo de Saddam Hussein — fazia as reportagens nua no quarto do hotel, para o caso de chegar a polícia iraquiana —, mas pelo menos podia sair à rua e comprar kebabs para o almoço.

Agora, porém, dois anos depois do primeiro ataque da Operação Liberdade do Iraque, Bagdá se divide em duas zonas diferentes: a Zona Verde, fortemente protegida, onde com um colete à prova de balas ainda é possível comprar kebabs na rua em segurança; e a Zona Vermelha, sem proteção, onde cada norte-americano capturado vale 25 dólares e o colete à prova de balas é um estorvo a mais se você precisar correr.

Inicialmente, os fuzileiros querem que Anne os encontre no aeroporto para receber Lava, mas isso é muito perigoso, porque ela não tem um carro blindado para atravessar o trecho de estrada entre Bagdá e o aeroporto, conhecido como "beco minado". Quando eles compreendem que o plano é impraticável, acham que basta encontrá-la em algum ponto da Zona Verde. Mas Anne mora na Zona Vermelha, uma área de violência generalizada composta por escolas, restaurantes e prédios comerciais, tudo bombardeado, que não tem abastecimento de água potável e tem somente algumas horas de energia elétrica nos dias de sorte. É lá que ela quer ficar, no verdadeiro Iraque.

A maior parte da Zona Verde é governada por rebeldes e empreiteiros da segurança privada — especialistas em proteção que, sem o controle das leis militares, dirigem seus carros blindados pelas calçadas acenando com armas automáticas para abrir caminho.

Ninguém sai da Zona Verde sem um comboio armado. Ninguém entra na Zona Verde sem credenciais, e mesmo os que têm credenciais precisam passar por diversos pontos de controle com pesados portões de metal, espirais de arame farpado, barreiras de metal, barreiras com explosivos e áreas isoladas com sacos de areia, usadas para as revistas.

Embora alguns considerem Faluja o lugar mais perigoso do mundo, outros acham que ainda é pior esperar na fila para entrar na Zona Verde de Bagdá. Os veículos parados são alvos fáceis para os franco-atiradores e dúzias de carros-bomba são explodidos. Os guardas norte-americanos e iraquianos dividem os veículos em duas filas, uma para os VIPs, que caminha com razoável rapidez, e outra para todas as outras pessoas. O procedimento é tão demorado que, em janeiro, o ministro de Estado iraquiano pediu demissão, enfurecido pela forma como foi tratado ao tentar entrar na Zona Verde para uma reunião do Gabinete.

Para entrar na Zona Verde e pegar Lava, Anne tem de esperar na fila como todos os demais. Depois de entrar, não pode ir para onde quiser. Somente os fuzileiros podem fazer isso e, por esse motivo, quando sugerem que ela os encontre em alguma das bases militares do lado de dentro, Anne responde que o único lugar ao qual tem acesso autorizado na Zona Verde é o antigo Centro de Convenções.

A entrega fica ainda mais complicada quando os fuzileiros de Faluja não conseguem encontrar o Centro de Convenções. Tentam falar com Anne pelo celular, mas o único serviço telefônico da cidade, fornecido pela empresa Iraqna, está indisponível por causa da sesta de quatro horas. A Iraqna, que obteve da Autoridade Provisória da Coalizão um contrato exclusivo de dois anos, responsabiliza o caos geral por seus apagões — não há combustível, eletricidade e sistema bancário, tampouco linhas convencionais — e também a sabotagem e os militares norte-americanos, que constantemente tiram a rede do ar a fim de impedir que os rebeldes se comuniquem para detonar bombas.

Assim, Anne tem de esperar pacientemente até que o grupo de fuzileiros apareça caminhando pela rua com Lava nos braços.

Quando finalmente se encontram, Matt entrega Lava a Anne. Para ele, foi uma espécie de tragédia, porque ele é um fuzileiro diante de um grupo inteiro de fuzileiros que não querem ver um de seus camaradas se emocionar por causa de um cachorrinho — só que todos eles estão emocionados. Anne, que não quer ser vista em companhia de fuzileiros maricas, agarra Lava e sai dali o mais depressa possível.

Lava não tem coleira nem guia, e Anne tem de carregá-lo até o carro. Felizmente para ela, o motorista iraquiano não protesta. A maioria dos iraquianos não gosta de cachorros.

O trajeto entre a Zona Verde e a sede da rádio NPR na Zona Vermelha também não é nada agradável; exige certo grau de bravura e sedativos poderosos, caso estejam disponíveis.

Se você tem a sorte de morar na Zona Verde, mas também a falta de sorte de ter de ir à Zona Vermelha, é preciso ser escoltado ou por um comboio militar ou, mais provavelmente, por uma equipe de segurança particular em veículos blindados, com placas de aço nas portas, janelas à prova de balas de 7,5 milímetros de espessura e metralhadoras apontadas por qualquer fenda. O tráfego local costuma se desviar dessa gente, até mesmo subindo na calçada ou passando para a contramão.

É claro que não há muitas regras de circulação a serem obedecidas por aqui. Os sinais luminosos funcionam esporadicamente e não há policiais para multar os apressadinhos, por isso os motoristas atravessam a toda a velocidade os cruzamentos e trafegam nas calçadas, tratando de evitar qualquer coisa que possa carregar uma bomba, inclusive os carros parados para embarcar passageiros, os carros que atravessam devagar os cruzamentos e carros enguiçados no meio da rua.

Se para a sua desgraça você mora na Zona Vermelha e tem de se deslocar dentro dela, a melhor maneira é mostrar-se o mais discreto possível. Nada espalhafatoso. Nada de bandeirolas norte-americanas na antena, nada de adesivos dizendo "Prestigie nossos soldados". É preciso passar longe dos sedãs blindados porque, como disse William Langewiesche no *Atlantic Monthly*, "pode ser que você fique no meio do fogo cruzado, e pode ser que matem você, especialmente pelo impacto da explosão de uma granada". É melhor usar sedãs de lataria fina, porque, embora não resistam às balas, permitem que "as granadas os atravessem completamente".

E assim, Anne segue, transportando um cachorrinho já grandinho, incapaz de ficar quieto, cuja cara, saltando de um janela para outra, anuncia com holofotes e sons de trombeta que uma norte-americana e seu imundo cão norte-americano estão dentro do carro.

Lava e eu, pouco depois que ele foi encontrado em uma casa abandonada em Faluja, Iraque. O cachorrinho foi salvo da morte certa. Quem cuidou dele foram os Cães da Lava do Primeiro Batalhão do Terceiro Regimento de Fuzileiros Navais da Baía Kanehoe, Havaí.

O sargento (na época cabo) Matt Hammond segurando Lava, em seu alojamento no Acampamento Faluja, base dos fuzileiros nos arredores da cidade. O sargento Hammond estava convalescendo de ferimentos recebidos em uma operação na qual foi atingido por estilhaços de uma granada dos rebeldes. Quase morreu devido à perda de sangue, mas sua boa recuperação permitiu que permanecesse no acampamento durante a convalescença, e lá ele e Lava se tornaram grandes amigos. Apesar dos ferimentos, Hammond estava disposto a impedir que qualquer pessoa retirasse Lava dali, e o cãozinho retribuiu com amor incondicional. Hoje, tanto o sargento quanto Lava estão muito bem, no sul da Califórnia.

Lava, o destruidor, encara um par de calças de serviço de um dos fuzileiros que cuidaram dele no Acampamento Faluja. Sem dúvida, Lava achou que as calças eram ótimas para mastigar.

No início, Lava comia principalmente a carne que os fuzileiros picavam para ele.

À espera do helicóptero com meu grande amigo tenente-coronel "Buck" Liberto, em setembro de 2004. A extensão do tempo de serviço de Buck no Iraque foi o que me deu a oportunidade de ser destacado para Faluja, onde encontrei meu melhor amigo, Lava.

Um jovem refugiado iraquiano em busca de abrigo e alimento na mesquita de Al Haidra, em Faluja. A mesquita rapidamente se transformou em refúgio para famílias sem abrigo e enfermos. Também serviu como centro do programa de empregos organizado pelos fuzileiros e seus camaradas iraquianos para ajudar o povo da cidade a voltar a uma vida normal.

O sargento fuzileiro naval Dan Doyle e eu, após um tiroteio em Faluja.

A correspondente da NPR Anne Garrels entrevistando um soldado/ intérprete iraquiano no exterior de uma mesquita em Faluja. Anne foi de grande ajuda ao cuidar de Lava e assegurar sua evacuação do Iraque. Nossa gratidão a ela é eterna. Nota: O rosto dos iraquianos não é mostrado a fim de protegê-los.

O major Chris Curtin e eu na margem de um canal na fronteira do Iraque, o ponto de interseção desse país com a Síria e a Jordânia.

O sargento fuzileiro naval Tim O'Bien depois de um tiroteio cerrado. Sua atuação naquele dia, manejando um lança-granadas MK 19 montado no teto de uma viatura blindada, sem dúvida salvou inúmeras vidas. O sargento O'Brien enfrentou o fogo cruzado, a descoberto, para permitir que seus camaradas ocupassem posições a fim de repelir o ataque.

A nova casa de Lava no acampamento Faluja. O sargento Hammond aproveitou os conhecimentos e a habilidade dos engenheiros, que fizeram este engradado para Lava. Os fuzileiros que cuidavam dele encheram a caixa com cobertores e brinquedos. Quando Lava ficou grande demais, transformaram-na em canil do lado de fora do alojamento.

Eu, diante de um forte de fronteira que tinha sido ocupado pela Força Especial de Fronteira do Iraque, também chamada Lobos do Deserto. Hoje em dia há muitos fortes como este nas fronteiras do Iraque com a Síria, a Jordânia e a Arábia Saudita. As forças iraquianas guarnecem esses fortes para impedir que rebeldes ingressem no país em pontos não vigiados.

Despedindo-me de meu novo melhor amigo em janeiro de 2005, minutos antes de embarcar no helicóptero que me levaria à fronteira do Iraque com a Síria. Eu não sabia se o veria novamente — nem acreditava na possibilidade.

Esperando nosso "pássaro da liberdade" no Kuwait, em março de 2005. Todas as tropas que entram e saem do Iraque têm de fazer uma parada no Kuwait na chegada e na partida.

Lava com John Van Zante, diretor de relações públicas do Centro Helen Woodward para Animais, em Rancho Santa Fé, Califórnia. Os incansáveis esforços e a coordenação transcontinental de John permitiram que finalmente Lava pudesse ir para os Estados Unidos.
FOTO DE KRIS PARLETT

Lava com Kris Parlett, diretor de relações comunitárias da empresa Iams de alimentos para animais. Kris trabalhou com John Van Zante para possibilitar a viagem do cão e apresentou John ao Canil Vohne Liche, que foi decisivo na ida de Lava para os Estados Unidos. A Iams fez a gentileza de pagar a viagem de Lava ao novo lar.
FOTO DE JOHN VAN ZANTE

Lava com Ken Licklider, proprietário do Canil Vohne Liche, e sua família, imediatamente após a chegada ao aeroporto O'Hare em Chicago. O canil cria e treina cães em funções de proteção e detecção para as forças armadas e diversas agências de manutenção da lei. Lava viajou para os Estados Unidos em companhia de um grupo de cães do Vohne Liche que voltavam para um merecido período de descanso e tranqüilidade em casa.

Lava com a "irmã adotiva" Koda em seu primeiro encontro, em setembro de 2005. O pai de Lava e a mãe de Koda são agora marido e mulher.

Você também estaria rindo se tivesse escapado da morte certa para gozar a boa vida em La Jolla, Califórnia. Lava aparece aqui lambendo os raios do sol.

FOTO DE CATHY JONES

Capítulo 18

Janeiro de 2005

Fronteira com a Síria

Não importa se na última vez que chorei eu ainda era uma criança. Ao ler o e-mail de Anne, vindo de Bagdá, nem mesmo a presença do general Patton poderia conter minhas lágrimas.

"Só para confirmar que Lava está comigo, e em segurança..."

Será que sou um maricas covarde?

Talvez.

Será que sou a vergonha de todo o Corpo de Fuzileiros Navais?

Talvez.

E eu me importo com isso?

Capítulo 19

Fevereiro de 2005

Bagdá

O dia começa cedo para Anne em Bagdá. Até as cinco da manhã Lava se aninha junto dela na cama e ronca, mas, às cinco em ponto, acontece a troca de turno da equipe de segurança do prédio, o que o faz saltar da cama, correr para a porta, para a janela e de volta à porta, latindo numa agitação tremenda.

Nos Estados Unidos Anne mora com o marido e cinco cães, por isso compreende bem os instintos caninos, mas me disse que nunca em sua vida viu um cachorro, principalmente tão pequeno quanto Lava, que passasse tão facilmente da inocência para a pura ferocidade. Acha que talvez seja sua combinação genética; há tantos cães vadios e ferozes no Iraque que qualquer coisa pode estar governando seu DNA. Talvez seja culpa das bombas ou da dieta inicial de ração R-2, mas Anne acredita que tenha mais a ver com o fato de que ele cresceu em companhia de fuzileiros com saudade de casa.

Lava é uma versão de brinquedo de um soldado bem treinado, de coração leal e expansivo. Senta-se quando recebe o comando de sentar. Faz xixi do lado de fora. Obedece quase mecanicamente, mas ameaça a segurança daqueles que ama — especialmente às cinco da manhã — e nada o impede de rosnar.

O complexo, na verdade um grupo de pequenos edifícios cercados por um muro alto, fica na Zona Vermelha e abriga o pessoal da NPR, outros repórteres, funcionários iraquianos e a equipe de segurança.

Não há cinemas, restaurantes, nem atividades amenas na mesquita local, e por isso a principal atração de todos é elogiar a incrível habilidade de Lava ao sentar-se.

"Veja isto", diz um deles para outro pela sexta vez numa tarde, depois olha para Lava e ergue a mão, muito ligeiramente.

"Senta!"

E o inteligente cachorrinho levanta a cabeça, sacode o rabo e senta. É extraordinário. Todos, inclusive os iraquianos, soltam exclamações de admiração, como se estivessem estimulando o progresso espiritual do próximo Dalai Lama.

Sempre que possível, Anne me manda e-mails atualizando as informações.

"Está tudo bem, Lava está feliz..."

"Ele é incrivelmente afetuoso. Dá umas mordidinhas, mas não mais do que o filhote de labrador lá de casa..."

"Ele se senta com muita elegância..."

Antes de os rebeldes ganharem popularidade, os jornalistas em Bagdá só se reuniam nos grandes hotéis. Após a invasão inicial, porém, depois da fuga de Saddam Hussein e do colapso da energia elétrica, a realidade da invasão tomou conta do lugar e os grandes hotéis viraram alvos habituais. Os jornalistas então saíram do país ou se mudaram para casas, menos confortáveis, porém, certamente menos visíveis. Se sua casa passa a ser observada pelos rebeldes, você simplesmente se muda para outra.

Mas depois que as forças da coalizão invadiram Faluja e as notícias se espalharam pelo restante do país, o ódio aos norte-americanos aumentou tanto que as casas particulares já não serviam de proteção. Agora, os lugares mais seguros são instalações como essa, geralmente antigos motéis, com paredes altas, portas de grade e também, o que é mais importante, seguranças contratados com armas automáticas carregadas.

Os jornalistas não saem, a não ser para as reportagens, porque são alvos muito convenientes nas ruas — sua morte será transmitida para o mundo inteiro. Desde a invasão em março, há dois anos, 75 jornalistas, seus motoristas, intérpretes e seguranças foram mortos no Iraque por rebeldes, forças norte-americanas ou soldados iraquianos. Só no ano passado, trinta jornalistas foram seqüestrados.

Com o término das primeiras eleições, Anne espera que a violência se torne ainda pior. Como disse em seu programa de rádio: "A eleição de domingo foi a parte mais fácil."

No dia da eleição houve centenas de ataques rebeldes no Iraque, e agora, enquanto o país espera a contagem dos votos — processo que levará várias semanas —, a violência cresce de forma inaudita. A maioria muçulmana xiita espera uma grande vitória, e os sunitas não se conformam com a provável derrota.

Logo após as eleições, o principal lugar-tenente de Osama bin Laden declara que o pleito foi "forjado" e lança um novo chamado à guerra santa. Enquanto isso, a al-Qaeda promete continuar a matar norte-americanos e qualquer iraquiano que os ajude, e cumpre sua palavra.

Três dias depois das eleições, dois fuzileiros são mortos e 12 soldados iraquianos são executados. Quatro dias depois, um fuzileiro do Acampamento Faluja é morto em combate, um soldado da Força-Tarefa de Libertação perde a vida e outro é ferido quando uma bomba à margem da estrada atinge o comboio de ambos. Cinco dias depois, dois soldados da Força-Tarefa Perigo são despedaçados e quatro outros são feridos por uma bomba caseira. Sete dias depois, um homem-bomba mata 24 recrutas iraquianos. Oito dias depois, mais 21 juntam-se a eles.

Na mesma semana, a jornalista italiana Giuliana Sgrena é arrancada de seu carro por homens armados, próximo à Universidade de Bagdá, onde acabava de entrevistar alguns refugiados de Faluja.

"A situação aqui continua tensa", relata Anne.

Um dos iraquianos que cuidam do prédio ajuda a tomar conta de Lava quando Anne sai durante o dia. Isso exige coragem, porque é grande a possibilidade de perdê-lo.

Para começar, a maioria dos iraquianos odeia os cães. Eles os consideram imundos.

Além disso, há um ódio intenso contra os iraquianos que trabalham para norte-americanos. Um iraquiano que trabalhe para norte-americanos é considerado *pior* do que os americanos. Primeiro, ele recebe um aviso por escrito endereçado no envelope ao "irmão do macaco e do porco". A mensagem diz mais ou menos o seguinte:

Caro irmão do macaco e do porco,

Lamentamos informar que, a menos que você se arrependa e volte ao seu Deus e ao seu país, terá um destino semelhante ao de seus colegas espiões, que são ratos e placentas de ratos. Lamentamos os prejuízos que nossa violência possa causar a você, sua mulher ou seus filhos.

Atenciosamente,
Os que se sacrificam.

A segunda mensagem é menos diplomática:

Aviso! Aviso! Aviso! Você é inimigo de Deus e da pátria. Damos este último aviso antes da morte. Assinado, Os que se sacrificam.

Em seguida, a frase "Morte aos espiões" pode aparecer pintada em sua casa, ou um animal morto pode ser deixado à sua porta. Raramente há uma terceira mensagem — e, quando há, geralmente vem com uma bomba caseira.

Enquanto as mortes de cidadãos norte-americanos são meticulosamente contabilizadas pelo governo dos Estados Unidos — no fim do mês de janeiro eram vários milhares, e aumentavam —, não há estatísticas sobre quantos iraquianos, rebeldes ou civis trabalhando para os norte-americanos, estão mortos ou desaparecidos.

Por isso, imagino o que passa pela cabeça de Sam (vou chamá-lo de Sam, porque, se ainda estiver vivo, e realmente espero que esteja, seu nome verdadeiro jamais poderá estar ligado ao que fez) quando Anne pede que tome conta do cachorrinho.

— O quê? Aquela coisa selvagem? Prefiro perder um olho.

— Por favor.

— Não. Eu não cuido de animais loucos. Não.

— Por favor.

— Por que não me pede que dê um tiro no pé? Peça que eu coma carne de porco. Peça que eu salte de um avião...

— *Por favor.*

E imagino o que passa pela cabeça de Sam quando Anne sai para trabalhar pela primeira vez, deixando Lava aos pés dele, olhando-o com aquela expressão inocente que faz quando precisa, com as orelhas caídas para a frente, a cabeça inclinada, aquele ar de *eu-não-estraçalhei-de-propósito-a-única-revista-pornográfica-do-alojamento* que faz com que você não tenha outro jeito senão curvar-se e acariciar as orelhas dele, tentando reconstituir a revista.

Inicialmente, Sam é encarregado de apenas duas tarefas: alimentar Lava e certificar-se de que ele não destrua as instalações. Depois de alguns dias, no entanto, Anne começa a perceber que ele está estendendo suas responsabilidades. Ao voltar, ela encontra Sam dando banho em Lava, ou rolando uma bola de futebol e tentando ensiná-lo a marcar.

Certa noite, depara-se com Lava coçando com a pata um cinto largo de homem preso ao pescoço. É muito grande, mas ao pedir explicações a Sam, ele responde que "aquele cachorro" precisa de uma coleira.

Logo, Sam passa a sair às ruas de Bagdá procurando comida e brinquedos, também improvisados, porque praticamente tudo na cidade está um caos ou em falta. O preço da carne, das frutas e dos legumes subiu em pelo menos um terço desde a ocupação norte-americana. Também faltam energia elétrica, água e gasolina, por causa dos ataques rebeldes contra a infra-estrutura iraquiana e porque a Autoridade Provisória da Coalizão é tão corrupta e/ou inepta que "perdeu" pelo menos oito milhões de dólares de seu orçamento num período de 14 meses.

Mas Sam sai às ruas assim mesmo, e uma de suas descobertas mais valiosas — encontrada enquanto se esquivava dos rebeldes, dos mercenários e dos comboios norte-americanos, que advertem em letras garrafais DISTÂNCIA MÍNIMA PERMITIDA: 100M. PENALIDADE: USO DE FORÇA LETAL — foram os biscoitos para cachorros.

Nesse ínterim, informa Anne, enquanto os resultados vão sendo compilados, os religiosos sunitas afirmam que quaisquer que sejam os vencedores, eles serão "ilegítimos". O presidente Bush anuncia em seu discurso do Estado da União que ainda é "cedo demais" para retirar as tropas do Iraque e soldados da Primeira Divisão de Cavalaria estacionados em Bagdá recebem cada um duas garrafas de cerveja durante uma reprise da final do campeonato nacional de futebol americano.

No mesmo dia, aparecem informações no site da Brigada de Mujahedin de que a jornalista italiana Giuliana Sgrena foi executada. Quase imediatamente, outro grupo militante, a Organização Jihad Islâmica, afirma em seu site que a jornalista está em poder deles, e ainda está viva. Ao voltar de entrevistas feitas naquela manhã, um comboio norte-americano passa pelo carro de Anne, cujo motorista é iraquiano, faz a volta e a segue por algum tempo pelas ruas. Finalmente, param o carro, pensando que pudesse se tratar de um rapto.

Anne relata que 21 pessoas foram mortas por um homem-bomba em um centro de recrutamento do exército iraquiano. "Estão claramente visando às Forças Especiais do Iraque", diz ela. Efetivamente, o *Iraqi Resistance Report* anuncia que um "carro-bomba da Resistência Iraquiana explodiu perto de um caminhão que levava recrutas para uma base militar fantoche no aeroporto abandonado na parte ocidental de Bagdá... a explosão ocorreu perto de um centro de recrutamento das tropas fantoches e matou pelo menos 21 e feriu outros 27 aspirantes a soldados para servir aos Estados Unidos".

No fim da semana, Anne me envia outro e-mail.

Ele hoje salvou minha sanidade. Estava cheia de tudo isso aqui e de todo o meu trabalho, mas fui para casa e fiquei brincando com ele.

Imagino que a presença de Lava nas instalações da rádio proporciona a todos os humanos uma fuga temporária da realidade e os leva através de vários pontos de controle até a terra do faz-de-conta, onde cachorrinhos saltitam em gramados verdes e macios e está um dia lindo na vizinhança.

Capítulo 20

Fevereiro de 2005
Fronteira com a Síria

A tentativa de coordenar por e-mail a fuga de Lava pela fronteira com a Síria — conseguir as vacinas, a documentação, mantê-lo vivo de um dia para o outro — me fez sentir como se estivesse na Lua tentando fisgar um peixe num barril colocado na Terra. Mas, na verdade, uma missão na fronteira com a Síria e uma missão num planeta distante são pouco diferentes. Embora grande parte da violência do país dependa do que entra e sai pela fronteira, as vastas extensões de areia e o horizonte fazem com que você se sinta em um posto lunar avançado.

Meu trabalho aqui inclui dar suporte aos oficiais do exército que estão treinando a nova polícia de fronteira do Iraque — os Lobos do Deserto — e aos fuzileiros que guarnecem a principal base de operações. Viajo pelo deserto, para lá e para cá, verificando a dúzia de fortes de onde os novos Lobos do Deserto contemplam a amplidão, inquietos com suas armas, e fumam muito enquanto esperam o dia do pagamento e as próximas férias.

A função dos Lobos do Deserto é patrulhar a fronteira entre o Iraque e a Síria, através da qual mercenários estrangeiros, contrabandistas de armas e jihadistas passam com mais facilidade do que formigas em uma cerca de tela. Em 2004, a corrupção era expressiva aqui no "Oeste Selvagem" do Iraque, e o equivalente a cinqüenta dólares bastava para passar pelos postos de controle. Enquanto os fuzileiros perseguiam os simpatizantes dos rebeldes à noite no deserto, a antiga polícia iraquiana de fronteira ganhava um dinheiro extra deixando-os passar em plena luz do dia.

Parece que o pessoal novo, os Lobos do Deserto, está cumprindo sua tarefa, mas, com as constantes ameaças de morte e a deterioração das condições econômicas do Iraque, sei que é uma questão de tempo até que as grandes somas em dinheiro provenientes da Síria, onde vivem muitos dos principais dirigentes do partido Ba'ath de Saddam Hussein, os provoquem mais do que são capazes de resistir.

Compreendo o instinto que leva as pessoas a pegarem para si o que podem quando podem, especialmente quando o futuro depende tanto de planos alheios. Mas se esses caras vão cuidar da segurança de seu país e, algum dia, as tropas norte-americanas vão se retirar, será preciso que mais disciplina brote aqui neste areal ermo e estéril.

A pressão é intensa. Esta semana o general Richard B. Myers, chefe do Estado-Maior Conjunto das Forças Armadas, disse à Comissão das Forças Armadas do Senado que os Estados Unidos não sairão do Iraque até que as forças de segurança sejam capazes de policiar o próprio país. Em seguida, assegurou à Comissão que o processo de treinamento está "andando". Da mesma forma, em uma visita ao Iraque, o Secretário de Defesa Donald Rumsfield declarou que "elas [as forças iraquianas de segurança] estão desenvolvendo confiança e qualidade".

Em Bagdá, o general do exército norte-americano encarregado do treinamento disse aos jornalistas que, embora tenha havido "alguns percalços", o treinamento das novas forças militares e policiais do Iraque estava ganhando "ímpeto considerável".

Mas, pelo visto, a única coisa que está ganhando ímpeto considerável são os ataques rebeldes aos recrutas iraquianos. Embora tenham recebido 79 mil pistolas, 60 mil fuzis de assalto, 94 mil conjuntos coletes à prova de balas, 5.900 viaturas, 20.900 rádios, 2.400 metralhadoras pesadas, 54 mil capacetes Kevlar e 79 milhões de cartuchos de munição, as novas forças iraquianas estão morrendo mais depressa do que as norte-americanas. Mais de 1.300 recrutas morreram desde que começamos a treiná-los. Durante a semana em que os comandantes norte-americanos elogiavam o "progresso" deles aos meios de comunicação, 12 soldados iraquianos morreram numa emboscada perto de Kirkuk, um homem-bomba matou outros 12 em Mosul, 21 foram dizimados por uma explosão do lado de fora de uma base do exército iraquiano em Bagdá, 6 foram mortos por um carro-bomba em Baquba, 3 morreram e 11 foram feridos por pistoleiros que atacaram um comboio militar iraquiano, 20 cadáveres de policiais e soldados iraquianos em decomposição foram encontrados em uma estrada perto da cidade de Suvaira, 6 membros da Guarda Nacional foram achados mortos em uma estrada perto de Mosul e a Associated Press recebeu um vídeo de 4 policiais iraquianos sendo fuzilados por homens armados.

Por isso, passamos a fazer patrulhas diurnas nos fortes de onde os Lobos do Deserto vigiam a fronteira dia e noite. Queremos nos certificar de que eles trabalham em turnos, de que obedecem às medidas de segurança, de que os postos das sentinelas estão nos pontos adequados, mas, principalmente, de que ainda estão vivos.

Os métodos adotados pelos rebeldes para atacar soldados iraquianos evoluíram com a guerra. Como os rebeldes aparentemente começaram a ter dificuldades crescentes para recrutar homens-bomba, os artefatos explosivos caseiros detonados por controle remoto passaram a ser os preferidos. Quando os Estados Unidos contra-atacaram com aparelhos de bloqueio eletrônico, os rebeldes se adaptaram, passando a usar sinais de difícil interceptação.

Agora voltaram aos métodos básicos – artefatos difíceis de neutralizar e de uso mais simples – amarrando bombas a transportadores inocentes, incluindo cães, vacas, burros e seres humanos portadores de síndrome de Down.

Em geral, pegam um cachorro na rua, enchem-no de explosivos e o soltam no meio de vítimas em potencial. A bomba é então detonada por controle remoto. Em Ramadi, rebeldes amarraram explosivos em um burro e o soltaram perto de um posto norte-americano de controle, onde o animal explodiu. Em Al Mashro, a polícia "aprisionou" uma vaca adornada de bombas que caminhava por uma estrada.

O novo método se tornou tão difundido que o jornal diário em língua árabe *Al Mada* publicou uma caricatura editorial mostrando um rebelde que tentava convencer um cachorro aterrorizado fazendo uma preleção: "É tudo muito simples. Basta que você vista este cinto com explosivos, recite os slogans do partido, e que Alá tenha piedade da alma de seu pai!"

Mas os rebeldes do Iraque não foram os únicos a usar animais como armas durante as guerras. A vantagem provavelmente pertence aos norte-americanos, que durante anos têm usado cães para entregar mensagens e suprimentos em zonas de perigo, gatos para matar ratos em trincheiras, passarinhos para detectar armas químicas e golfinhos e focas para localizar minas marítimas. Durante a Segunda Guerra Mundial os exércitos norte-americano e soviético conhecidamente treinaram "cães-bomba", que eram retirados da mãe tão logo nasciam e alimentados somente embaixo de blindados de guerra. Quando cresciam, deixavam-nos ficar famintos, enchiam-nos de bombas e os soltavam no campo de batalha para que procurassem o carro de combate mais próximo, de preferência alemão. Quando se enfiavam embaixo deles, as bombas eram detonadas.

A melhor parte do uso de animais para matar é que eles não percebem. Os soldados, os fuzileiros e os rebeldes têm de ser treinados para matar, o que exige tempo e recursos, mas os jumentos e os cães somente querem que alguém os alimente e acaricie. O problema desse método, no entanto, é ser muito impreciso. Afinal, não se pode instruir uma vaca a "ir até a esquina, virar à esquerda, caminhar dois quarteirões para o norte e depois mugir alto quando chegar à fila de homens do lado de fora do distrito policial".

Sendo assim, os rebeldes passaram a fazer algo ainda melhor — usam gente como Amar, de 19 anos, portador da síndrome de Down. Segundo o *Sydney Morning Herald*, os pais de Amar saíram para votar e depois foram a uma festa na casa de um parente. Enquanto estavam ausentes, rebeldes raptaram Amar, amarraram uma bomba no corpo dele e o mandaram a uma seção eleitoral.

Pelo menos uma testemunha ocular disse que "Amar estava tão assustado quando recebeu a ordem de caminhar para o ponto indicado que começou a voltar na direção dos terroristas", que reagiram explodindo o rapaz.

Os pais de Amar ouviram a explosão da festa em que estavam e, quando se espalhou notícia de que o homem-bomba era um "mongolóide", correram para casa e constataram que o jovem havia desaparecido. O primo de Amar disse ao *Sydney Morning Herald*: "Pediram a vizinhos que o procurassem e um deles identificou a cabeça de Amar caída numa calçada. O corpo estava despedaçado. Eu já tinha ouvido dizer que eles usavam cadáveres, burros e cães para esconder as bombas, mas como puderam fazer isso com um menino como Amar?"

Não importa há quanto tempo a gente esteja no Iraque — esse tipo de coisa sempre nos faz quicar de indignação.

De repente uma lembrança me atinge como um tapa nas costas numa sala cheia de gente — há algum tempo uma major do exército havia conseguido tirar do país filhotinhos de cachorro. Não me lembro dos detalhes, porque na ocasião só ouvi falar, como quando a gente ouve dizer que a mulher de alguém nos Estados Unidos teve um bebê. Uma notícia simpática para comentar, mas na qual a gente pensa por alguns instantes e depois esquece. Só me lembro de que alguém do departamento de Estado a ajudara.

Envio um e-mail à major e explico a história de Lava.

"Você chegou a mandar vacinar seus bichinhos?", pergunto. E continuo:

> *O mais importante seria ligar Anne Garrels com seu amigo nos Estados Unidos, será que ele ajudaria mais uma vez? Sei que é um grande favor, mas estou partindo em menos de dois meses — Anne vai embora no fim deste mês — e eu agora já não tenho muitas opções. Chegamos a pensar em pedir às tripulações dos C-130 dos fuzileiros para levá-lo. Eu teria de metê-lo numa bolsa, ir de helicóptero a Al Asad e entregá-lo a eles...*
>
> *O problema é que ainda não tenho permissão para transportar Lava em um avião militar, e acho que não vou conseguir. Além disso, Lava ainda não está vacinado nem tem documentação e não tive mais notícias da dra. Murrani.*
>
> *De qualquer maneira, se achar que pode pedir a seu amigo para ajudar mais uma vez, eu ficarei extremamente grato.*

Eu confiava no fato de que a major estivera no Iraque durante algum tempo e provavelmente compreenderia a necessidade de ser solidária.

Foi o que aconteceu. Ela respondeu imediatamente, dizendo primeiro que tinha sabido da detonação de um carro-bomba diante da Sociedade Iraquiana de Proteção aos Animais, e que provavelmente por isso a dra. Murrani não me havia respondido; devia ter outros assuntos para tratar.

> *Os cães foram vacinados por um veterinário militar. Mas ele ficou muito paranóico com isso tudo e eu tive de encontrá-lo em um estacionamento, vestida à paisana, para que me entregasse os documentos.*
>
> *[Meu amigo] no departamento de Estado certificou que [os cachorrinhos] eram dele e mandou levá-los para o Kuwait. De lá, Bonnie Buckley, da organização Mascotes Militares, conseguiu uma senhora muito gentil que os recolheu e os mandou para Atlanta, via Amsterdã.*
>
> *Acho que o caminho é encontrar um veterinário iraquiano que faça a vacinação — a de raiva é a mais importante — ou arranjar um amigo que o leve ao Kuwait e de lá consiga um dos contatos de Bonnie para ajudar.*

Procurei "Mascotes Militares" no Google e descobri que é um grupo de voluntários que ajudam membros das forças armadas a tirar do Iraque seus animais de estimação e levá-los aos Estados Unidos. Perfeito. Parece que tudo o que tenho a fazer é entrar em contato com eles e tratar de conseguir as vacinas e a documentação para Lava.

E depois mandar Lava de Bagdá para o Kuwait.

Capítulo 21

Fevereiro de 2005

Massachusetts

A CARTA DO FUZILEIRO NAVAL para Bonnie Buckley não é muito diferente das muitas dúzias de outras que ela recebeu nos últimos dois anos. Pelo menos não é mais uma carta cheia de ódio acusando-a de ser uma ameaça à segurança nacional. Para cada e-mail que ela recebe pedindo ajuda para um mascote, chega outro que a acusa de ajudar e proteger espiões iraquianos ou de trazer doenças estrangeiras para os Estados Unidos: "Cachorros estrangeiros trazem a peste!"

Bonnie também recebe mensagens sugerindo que defenda causas mais nobres, embora ela não possa imaginar maneiras mais agradáveis de passar o tempo. Além disso, não se trata de salvar cães e gatos sem dono em um país estrangeiro; como ex-funcionária do serviço de controle de animais, Bonnie sabe que há muitos bichos assim nos Estados Unidos, milhões deles. Na verdade, o objetivo da Mascotes Militares, a organização de voluntários que ela dirige de sua casa em Massachusetts, é apoiar os soldados no Iraque e no Afeganistão, proporcionando a eles um elo patriótico perdido.

Ela criou a organização em 2005, ao saber que um soldado encontrara um filhotinho de cachorro em um campo de petróleo e queria trazê-lo para casa. Ajudou a levantar 1.200 dólares e, desde então, nunca mais parou de cooperar. Tinha então à disposição novos portos de entrada, além de pais e esposas de militares, membros ativos e inativos das forças armadas, civis e veterinários em todo o mundo que organizavam tudo, desde os vôos até as vacinações e a passagem pelas fronteiras, a fim de trazer os animais para os Estados Unidos.

Inicialmente, ela não conhecia os atalhos da burocracia internacional para fazer um animal cruzar fronteiras. Mas o interminável fluxo de pedidos a levou a dar inúmeros telefonemas a embaixadas estrangeiras, passar longos períodos na Internet e dedicar ainda mais tempo a entendimentos com organizações de resgate de animais, militares e veterinários em todo o mundo.

A organização hoje comanda uma rede secreta de transporte do Iraque e do Afeganistão através da Jordânia e do Kuwait. "Nada ilegal", ela diria a quem duvidasse, embora algumas providências pairem nos limites. Por exemplo, ela costumava contrabandear cães em vôos militares dopando-os para que ninguém os notasse. Mas já não faz mais isso. Tudo é feito honestamente, toda a documentação, tudo.

Embora ela saiba que em todas as guerras existem casos de militares que encontram e adotam animais de estimação em terras estrangeiras, percebe que os que estão agora destacados no Oriente Médio são os que mais precisam do estímulo moral que os animais proporcionam. Ela recebe muitas súplicas de ajuda.

"Tenho um cachorro aqui no Iraque e quero levá-lo para os Estados Unidos... não quero que [ele] seja morto a tiros como os cães aqui... tenho a esperança de que talvez a senhora consiga um modo de levá-lo para os Estados Unidos antes que fique muito grande ou desapareça."

Ou: "...ela estava chorando, presa no arame farpado... não vi a mãe em lugar algum e não podia deixá-la morrer ali."

Ou então: "Minha Companhia e eu encontramos um amiguinho peludo que tem estado conosco tanto nos melhores quanto nos piores momentos aqui no Iraque..."

Ou ainda: "Se a senhora me ajudar, serei grato para sempre."

O que realmente comove Bonnie, no entanto, é que, para cada soldado que a Mascotes Militares ajuda, muitos mais têm de abandonar seus animais de estimação. Os militares vêem de perto muita coisa. Muita coisa ruim. Depois encontram esses animais e não se conformam em deixá-los para trás. Ficam quase desesperados para retirá-los de lá.

Um soldado em Bagdá contatou Bonnie e disse ter encontrado três filhotes que ficaram órfãos quando a mãe foi morta com um tiro. Apesar de seus esforços durante os seis meses seguintes, os cachorrinhos morreram, menos um... que acabou sendo promovido pelos camaradas a recruta, por ter sobrevivido a um atropelamento, sofrido choque elétrico e passado por 189 rajadas de morteiro.

"Não podemos deixá-lo para trás", escreveu o soldado a Bonnie.

Mas, quando o rapaz foi destacado para outro lugar, não conseguiu encontrar um modo de mandá-lo em segurança de Bagdá para qualquer das fronteiras onde a Mascotes Militares pudesse recolhê-lo. O cachorrinho ficou na base em Bagdá e não se soube mais dele.

Houve também o caso de um cachorrinho encontrado por um soldado num depósito de lixo. O bichinho dormia com ele, comia com ele e patrulhava com ele qualquer lugar aonde ele fosse. A família do soldado enviou comida e brinquedos para o cãozinho e o pessoal da escola de seu sobrinho rezava todos os dias pedindo a volta do animal em segurança.

O soldado tinha grandes planos para quando retornasse. Primeiro, levaria o cachorro à escola do sobrinho para uma visita de agradecimento, depois o soltaria em um quintal amplo e cercado e, em seguida, o deixaria escolher a cama que quisesse para dormir em seu novo lar.

O Regulamento Geral 1-A, no entanto, foi aplicado com grande rigor naquele mês, e o soldado não conseguiria evitar que o animal fosse morto antes de retornar aos Estados Unidos. Sem outra opção, levou-o ao local onde o tinha encontrado e o deixou lá, com promessas de seus camaradas de alimentá-lo sempre que possível.

Bonnie leu a carta do tenente-coronel Kopelman e achou que para ele havia esperança. Se ele conseguisse mandar seu cachorrinho para o Kuwait, ela tinha um voluntário disposto a recolhê-lo e colocá-lo num avião para os Estados Unidos.

No entanto, deixou claro para o tenente-coronel que a organização Mascotes Militares somente colabora no sentido de trazer animais para o país se houver garantia de permanência no lar de algum membro da família do militar.

"Compreendemos que ter seu companheiro durante todos esses meses lhe proporcionou um 'toque doméstico' do qual o senhor deve ter sentido falta", escreveu ela. "A triste verdade é que os Estados Unidos já estão cheios de milhares de animais sem dono e não há bons lares que possam acolhê-los, por isso queremos que o senhor tenha certeza de que seu esforço para trazê-lo aos Estados Unidos é algo inteiramente consciente e representa um compromisso com seu amigo para toda a vida."

Ela também deixou claro que transportar mascotes é uma tarefa dispendiosa e que exige tempo. Um vôo comercial mais os impostos de exportação do Iraque para os Estados Unidos, por exemplo, poderiam custar até 1.500 dólares, e do Afeganistão, 2.500 dólares. O animal também precisaria de uma licença de importação/exportação, um atestado de saúde, vacinas contra raiva e cinomose canina e ainda de uma gaiola especial para viagem.

Disse a Kopelman que avisasse o voluntário da chegada do animal com alguns dias de antecedência e combinasse um lugar para a entrega. Encerrou a mensagem com a seguinte citação de Ralph Waldo Emerson: "O objetivo da vida não é ser feliz. É ser útil, honrado, compassivo, fazendo com que nossa vida, bem vivida, faça alguma diferença."

Ela esperava que dessa vez tudo desse certo.

Capítulo 22

Fevereiro de 2005
Bagdá

Tão logo é encontrada uma possível rota de saída através do Kuwait, com a Mascotes Militares, Sam toma para si a missão de conseguir as vacinas e a documentação de Lava.

Mas em Bagdá tudo é problemático. Quando os resultados das eleições são finalmente anunciados, em meados de fevereiro, Anne relata que os xiitas e os curdos são os grandes vencedores, o que significa que os sunitas, com representação reduzida no novo governo, estão mais enfurecidos do que vespas na água. A violência aumenta e fica quase impossível conseguir "documentação adequada" para qualquer coisa, muito menos para um cachorrinho.

Isso se deve em parte porque em nossa pressa de fechar contratos com empresas privadas para a reconstrução do Iraque, a supervisão foi deixada de lado junto com quase tudo o mais, incluindo a sanidade. Os Estados Unidos secretamente autorizaram projetos de reconstrução e os empreiteiros norte-americanos acumularam lucros excessivos subcontratando empresas iraquianas mais baratas, superfaturando, adulterando custos e recebendo propinas de bom grado.

Criaram empresas de fachada nas Ilhas Cayman que cobram do governo norte-americano com faturas falsificadas. Pagaram funcionários fantasmas. Superfaturam contratos de venda de mobiliário acrescentando propinas e cobraram do governo por produtos que jamais foram entregues. Fraudes, pagamentos indevidos, roubalheira. Mais tarde, um ex-conselheiro graduado da Autoridade Provisória da Coalizão, liderada pelos Estados Unidos, diria que o Iraque era "uma zona livre para a fraude" devido à recusa do governo norte-americano em processar empreiteiros e empresas acusadas de corrupção. Não estando sob a jurisdição das leis iraquianas ou norte-americanas, o conselheiro disse que Bagdá era como "o Oeste Selvagem". Ele relatou ao Congresso que, certa vez, enviou dois milhões de dólares a um empreiteiro americano em maços de notas dentro de uma mala.

Do lado iraquiano, funcionários públicos repassavam remédios e equipamento médico roubados a revendedores e consumidores. Funcionários de ministérios iraquianos embolsaram milhões em fundos para a reconstrução. Autoridades do setor de habitação receberam suborno para distribuir casas.

Portanto, como já disse, é difícil conseguir a documentação para Lava.

Primeiro, Sam localiza alguém que tem as vacinas, mas que se recusa a assinar o certificado de saúde porque não quer ter seu nome relacionado como colaborador dos norte-americanos. Depois, ele encontra alguém disposto a assinar os papéis, mas que não possui a vacina. Finalmente, consegue um veterinário que tem a vacina e prontifica-se a assinar o certificado, mas mora a oito horas de Bagdá e não pode se deslocar em segurança sem uma escolta militar, providência que nem mesmo Sam, que consegue encontrar biscoitos para cachorro em Bagdá, é capaz de tomar.

A partida de Anne para o Cairo está marcada para 26 de fevereiro. Ela me informa que está procurando um motorista que possa transportar Lava para o Kuwait.

Estou preocupado, porque acabo de saber que as fronteiras do Iraque estarão fechadas até 23 de fevereiro por causa da Ashura, um festival religioso xiita durante o qual dezenas de milhares de muçulmanos fazem peregrinação às cidades sagradas de Najaf e Karbala.

Sam acaba, de algum modo, conseguindo. Um belo dia entra no complexo da NPR acenando com os papéis para Lava, que, embora altamente suspeitos, parecem ser a documentação necessária, e isso basta para mim e para Anne.

Não peço detalhes e tudo o que Sam diz a respeito é: "Gostaria que fosse tão fácil assim tirar uma pessoa do Iraque."

Anne envia o seguinte e-mail para Bonnie e para mim:

Estou arranjando o transporte de Lava para o Kuwait de carro. Preciso apenas confirmar exatamente qual a documentação necessária para atravessar a fronteira. Asseguraram-me que uma nota de cinqüenta dólares provavelmente será suficiente. Em poucos dias, aviso a data de chegada em Amã e quais os documentos necessários para viajar. [...] Vou sentir falta de Lava, mas estou ansiosa por me certificar de que tenha um bom lar quando eu já não estiver aqui para cuidar dele.

Então recebo um e-mail de John Van Zante confirmando que a Iams fará os arranjos para que Lava parta do Kuwait logo que saibam dos detalhes da entrega. John diz que irá pessoalmente ao aeroporto receber Lava.

Assim, aqui estou eu, na fronteira com a Síria, achando que tudo dará certo. Já estou planejando minha própria viagem aos Estados Unidos dentro de um mês e pensando que a primeira coisa que farei quando chegar será levar Lava à praia.

Envio um e-mail a John: "Parece que Anne vai levar Lava ao Kuwait, onde ele será recebido por alguém da Mascotes Militares e colocado em um avião, mais provavelmente com destino a Los Angeles. Fornecerei o itinerário quando souber. Devo ir para casa mais ou menos um mês depois de Lava, se tudo der certo para nós dois."

Envio um e-mail a Bonnie: "...quem vai receber Lava é John..."

E outro a Anne: "Tudo está pronto para começar..."

Mas Anne me manda de volta um e-mail dizendo que, àquela altura, eu já devia ter aprendido a esperar.

"Estou sem saber o que fazer. Isso é muito mais complicado do que todos nós imaginávamos..."

Essas são palavras que nos fazem achar que a sorte está apertando nossos ovos com arame farpado só para se divertir.

Aparentemente, a Mascotes Militares costuma receber animais que partem do Iraque em comboios militares. Quando Bonnie percebe que Lava viajará com um civil, num carro particular, escreve a Anne dizendo que o motorista não será autorizado a entrar no Kuwait e seu voluntário naquele país não poderá entrar no Iraque.

Em outras palavras, o plano é uma merda. Sem escolta militar, Lava não pode cruzar a fronteira.

Fico sentado, olhando fixamente o computador.

Capítulo 23

Fevereiro de 2005

Fronteira com a Síria

Talvez isso pareça egoísta, mas não quero morrer. Querer viver é apenas uma dessas estranhas características da natureza humana que tornam difícil ser um bom fuzileiro. Além disso, o que mais há a fazer?

Quero viver por diversos motivos: porque não gosto de sentir dor, e ser morto provavelmente é doloroso; porque fico um pouco preocupado com a possível existência do inferno; e — mesmo arriscando-me a parecer um mártir absoluto — porque me preocupo com o que acontecerá a Lava.

Certa vez, ainda no Acampamento Faluja, fui visitá-lo no prédio dos Cães da Lava e passei pela tenda do necrotério, a que tem o aviso PROIBIDA A ENTRADA. Vi cadáveres entrando e saindo e pensei que quem estava naquele saco plástico — chamado de "bolsa de restos humanos" — talvez estivesse usando o mesmo uniforme que eu. Fiquei imaginando pelo que eles podiam ter passado e, lamentei, mas fiquei contente por não ser eu.

Isso não quer dizer que não tratem você bem depois de morto ou qualquer coisa parecida; na verdade, há muito respeito e atenção. O corpo é trazido para dentro, colocado num chão de concreto, e alguém verifica se há nele algum explosivo não detonado ou estilhaços usando um detector de metal; outro sujeito examina seus objetos pessoais e mais dois procuram por sinais de identificação — cicatrizes, tatuagens, plaquetas de identificação — e tomam nota de coisas como a extensão das queimaduras, a profundidade dos ferimentos ou se o colete à prova de balas funcionou a contento.

Enquanto isso, outros dois anotam tudo num livro de registro. Em seguida, o cadáver recebe um "número de evacuação", é colocado de volta na "bolsa de restos humanos" e enviado para um refrigerador. Tudo isso leva uns quinze minutos.

O pessoal da tenda também processa os restos mortais de iraquianos — sejam eles soldados nossos, civis ou rebeldes —, porque a teoria é que, depois de mortos, não são mais nossos inimigos.

Assim, recebem o mesmo tratamento com relação à identificação e aos objetos pessoais. Além disso, são fotografados, porque serão mandados de volta aos arredores de Faluja, onde serão colocados em uma das trincheiras de trinta metros de comprimento, feitas com retroescavadeiras e tratores, voltadas para o leste, na direção de Meca. Cada uma dessas trincheiras é registrada com coordenadas de GPS para que as famílias possam resgatá-los mais tarde, talvez depois de nossa partida.

Os sujeitos da tenda respeitam os corpos, sejam de fuzileiro ou iraquiano. Nunca estendem o braço sobre ele, nem colocam nada em cima, e fecham os olhos e a boca, caso ainda estejam abertos. Isso me faz pensar, quando passo diante da tenda, como será morrer com os olhos abertos, e se algum engenheiro de computação poderá inventar um modo de ler o globo ocular de uma pessoa que morreu de olhos abertos e passar a imagem para nós algum dia, como um filme, porque todos queremos saber como é morrer.

Ao chegar ao alojamento dos Cães da Lava, Lava corre para mim e começa a fazer xixi, e eu o pego no colo e o levo para fora, recordando que os bons fuzileiros não mijam dentro de casa. Mas, a essa altura, ele já acabou, já molhou meu uniforme e o caminho até a porta e já está saltando, pronto para brincar.

Ele é assim. Tudo o que Lava faz é intenso. Quando come, ele suspira. Quando se sente solitário, geme. Quando está cansado, deita-se e, em poucos segundos, já está roncando. Quando quer brincar, fica saltando diante de você, morde os laços de seus coturnos, não se aquieta, não pede desculpas; simplesmente usa tudo o que pode para atrair a atenção.

Mas eu não estou com vontade de brincar. Fico sentado no chão e o puxo para o meu colo, onde ele rola de barriga para cima com as patas para o ar. É morno ali. E bate muito sol. Então, fico sentado, esfregando a barriguinha dele enquanto ele estica as patas para o alto, e pensando o que será dele se eu morrer.

É uma espécie de pensamento nobre misturado com egoísmo, porque não posso imaginar não estar vivo em algum lugar, quando morrer. Espero estar no céu olhando para baixo, mas, se eu estiver lá em cima e ele aqui embaixo, levando um tiro ou sendo afogado ou perambulando sozinho em busca de comida, não fará diferença alguma que eu esteja no céu, onde deveria gozar júbilo e saúde eternos — em vez disso, estarei me sentindo culpado como o diabo.

O Iraque tem nuvens incríveis. Quando a gente senta no meio do deserto e olha para cima, é como se estivesse num quadro. É bonito demais para ser verdade, por isso eu viro Lava de cabeça para cima e aponto para o céu. Ele acompanha meu gesto olhando para o branco e o azul do céu.

"Escolha sua nuvem, amiguinho. Escolha sua nuvem."

Capítulo 24

Fevereiro de 2005

Fronteira com a Síria

Começo a sentir pena de John Van Zante, porque estamos começando a entrar em pânico e a procurá-lo por qualquer motivo.

Primeiro, envio um e-mail para ele contando que os motoristas iraquianos não têm permissão para entrar no Kuwait e entregar Lava, e quem está lá não pode ingressar no Iraque.

"As coisas não parecem boas para Lava neste momento", escrevo.

Depois Anne lhe envia um e-mail dizendo que vai partir para o Cairo dentro de poucos dias, e pergunta se há algo mais que ele possa fazer.

"Infelizmente, o tempo está se esgotando. Estou extremamente afeiçoada a esse animal... Tenho medo do que possa acontecer com ele depois que eu partir."

Escrevo outro e-mail para John: "Já não me ocorre mais nada para fazer..."

Mas o cara não pára. Mesmo quando eu começo a achar que chegamos ao fim, como se nossas chances tivessem terminado (e tudo isso tem se baseado em chances: *Há uma chance de que... Há uma ligeira possibilidade de que... Se por acaso conseguirmos...*), John procura nos animar — "Vamos apenas respirar fundo. Vai dar certo" — e passa em revista suas estratégias de marketing. Ele conta que deu à missão Lava o nome de "Operação vamos fazer" e que irá telefonar outra vez para toda a bancada da Califórnia na Câmara e escrever ao governador Schwarzenegger e ao presidente Bush, além de contatar o proprietário de um canil em Indiana que transporta cães farejadores de bombas para dentro e fora de Bagdá.

Acabo de falar ao telefone com Kris Parlett, da Iams, em Dayton. Kris disse que estão trabalhando com um sujeito que exporta constantemente ração para cães e outros artigos para o Iraque. Está vendo se é possível embarcar Lava em um dos aviões de carga. Também está consultando outros funcionários da Iams naquela região. Eles têm uma grande subsidiária da empresa na Suíça e distribuidores no Kuwait, no Iraque e na Jordânia.

Em seguida, acrescenta que, se conseguirmos levar Lava para a Jordânia, a empresa aérea Delta talvez possa embarcá-lo em um vôo saindo de lá, e John pode recebê-lo em qualquer lugar dos Estados Unidos.

Isso parece um bom progresso! Vamos cruzar as patas para ver se ainda podemos colocá-lo num vôo comercial ou em um avião de carga... Mike Arms me disse que ficasse com uma mala pronta, preparado para partir!

E eu fico pensando nisso, sobre a possibilidade de levar Lava para a Jordânia e colocá-lo num vôo saindo de Amã. Seria bastante difícil atravessar mil quilômetros através do "Oeste Selvagem" iraquiano, sem saber que chances teríamos na fronteira.

Em Al Walid, o ponto de tráfego entre o Iraque e a Síria, há um posto de controle congestionado, em fila única, onde de vez em quando prestamos atenção em um "...fulano de tal que vai tentar passar num táxi laranja e branco..." ou um "caminhão assim, assim, contrabandeando petróleo do Iraque", mas principalmente em veículos com a traseira estranhamente baixa e em homens em idade militar que tentam atravessar. Em geral, não acontece muita coisa em Al Walid.

Mas a fronteira com a Jordânia é diferente. A estrada entre Bagdá e Amã é usada por refugiados, contrabandistas de gasolina, camelos com explosivos presos ao corpo e homens-bomba que podem atacar comboios militares valiosos e vulneráveis. Por isso, a segurança é severa. Embora a fronteira propriamente dita seja uma fina linha no mapa, a coluna de veículos que a atravessa se estende por longos quilômetros em ambas as direções. Há gente que dorme várias noites nos carros. Nem as propinas servem mais para facilitar a entrada na Jordânia.

Há outro problema: devido a um surto de raiva canina no Iraque, uma nova regulamentação restringe a entrada de animais na Jordânia. Lava tem os documentos, mas ouvi dizer que não estão permitindo a entrada de nenhum animal.

Mas há uma chance. Se eu conseguir encontrá-los na fronteira, talvez possa ajudar a fazê-lo passar. Escrevo outro e-mail para Anne pedindo mais um favor.

Capítulo 25

Fevereiro de 2005

Fronteira com a Jordânia

Algo que assusta até mesmo o mais experiente dos motoristas iraquianos é passar pelos postos de controle antes de cruzar as fronteiras. Os rebeldes odeiam os soldados e os civis iraquianos que trabalham para os norte-americanos e, como ambos se concentram nos postos de controle, os homens-bomba explodem constantemente nesses lugares.

Outra coisa de que eles têm medo é dos militares norte-americanos e da polícia iraquiana que guarnece os postos. Quando você se aproxima e eles revistam seu veículo, a situação pode se tornar tensa se você faz algum movimento imprevisto, como espirrar — isso porque eles podem pensar que você está detonando um explosivo e reagir imediatamente.

Anne toma providências para colocar Lava em um vôo da Jordânia para os Estados Unidos e depois encontra um motorista que, mesmo depois de ela ter explicado o que deveria fazer e quais seriam os possíveis problemas para atravessar a fronteira, encolhe os ombros e diz, num inglês sofrível: "Está bem, não é nada demais. Tudo pode ser resolvido com dinheiro" — insinuando que, se for bem pago e tiver recursos adicionais para as propinas, não será difícil passar com um cachorrinho.

Assim, não é preciso ter muita imaginação para saber o que se passava na cabeça do motorista quando Anne saiu da casa com o animalzinho, curvando-se para se despedir e chorando junto a seu pêlo: *Esse vai ser o dinheiro mais fácil que vou ganhar em muito tempo.*

Só que Lava já não é tão pequeno, já pesa quase dez quilos, e quando Anne o leva para o carro e ele vê o motorista levantar a porta traseira e abrir o ferrolho de um engradado, Lava pára, com o pêlo eriçado. Anne pensa que o cão vai começar a fuçá-lo. Em vez disso, ele apenas abaixa a cabeça, sem tirar os olhos do motorista, e rosna.

O motorista olha para ele e sorri, abrindo o engradado. Lava mostra os dentes.

Anne não entende o que está acontecendo. "Lava?" Ela nunca o tinha visto assim.

O motorista sorri de novo.

Lava o ataca.

Anne tenta segurá-lo, mas ele escapa de suas mãos e se lança contra o homem, que dá um passo para trás, de olhos arregalados, e sai correndo em volta do carro, perseguido por Lava. Os dois rodeiam o carro duas vezes antes que Anne possa intervir.

Quando finalmente ela consegue agarrar o animal e colocá-lo na gaiola, o motorista já está ensopado de suor, lançando insultos em árabe e tentando associar "dinheiro fácil" a "animal selvagem".

Lava já estava no engradado, com a boca espumando.

Anne se desculpa e explica que será preciso deixá-lo sair várias vezes durante o trajeto, já remexendo os bolsos à procura de mais dinheiro.

Arranjo um jeito de ir da fronteira com a Síria para a da Jordânia no dia em que Lava deve atravessá-la. Anne me descreve o veículo num e-mail, e calculo que posso estar lá quando eles chegarem e fazê-los passar.

Ao chegar, vejo que há dois postos de controle que eles terão de atravessar: um entre o Iraque e a terra-de-ninguém, uma faixa de deserto de vários quilômetros que não pertence a nenhum dos dois países, e depois outro posto entre a terra-de-ninguém e a Jordânia. Embora eu ache que posso fazê-los passar pelo primeiro, não posso fazer nada no segundo.

Além disso, as fronteiras estiveram fechadas nos últimos quatro dias por causa do festival, e a fila de veículos que esperam para passar se estende por muitos quilômetros no deserto iraquiano. Eu sei que o veículo que estou procurando é um Chevy Suburban preto-e-branco, mas olho para a fila e até onde meus olhos podem ver só enxergo carros assim.

O Chevy Suburban é um veículo muito popular na região. É fácil de blindar, e por isso vende muito bem atualmente. É possível encomendar pela Internet, e os anúncios dizem coisas como "pneus opcionais que mesmo desinflados continuam rodando e aumentam a possibilidade de sobrevivência em caso de emboscada", "o chão do compartimento dos passageiros é blindado para proteger contra granadas 2DM51 alemãs ou equivalentes" e "equipado de fábrica com blindagem nível B6 e chão protegido contra granadas DM51". Mostram até fotos de "antes e depois" de veículos que foram atacados, com slogans como "Não houve vítimas!" e "Deixe que cuidemos de você!"

Começo a caminhar pela fila de carros, olhando para dentro de todos eles. As pessoas dentro dos carros também me olham, sem dizer uma palavra sequer. Ninguém se queixa. Ninguém faz cara feia. Têm muito medo de mim, como têm medo de serem estraçalhados, e eu sei que eles estão nervosos e pensando: *Quem é essa gente que invade nosso país e revista nossos carros dizendo aonde podemos ou não ir?* Mas não podem falar em voz alta, não podem sequer expressar em seu rosto as palavras que passam por sua cabeça, e isso me faz sentir como um idiota, com um enorme "I" escrito no peito. Só que, no meu caso, tenho o peito totalmente protegido por um colete.

Caminho três vezes ao longo da fila e começo a suar, porque não consigo encontrá-los. Talvez o motorista não tenha conseguido chegar, talvez tenha abandonado Lava no deserto e fugido com o dinheiro ou, quem sabe, o escondeu em algum baú e, como não me conhece, não quer aparecer. Conforme vou enfiando a cabeça pelas janelas, grito "Cachorro? Tem um *cachorro* aí?". Talvez o bichinho esteja sufocando porque o motorista tem medo de mim, e eu o atemorizo ainda mais surgindo de repente e gritando "Cachorro?" em sua cara, transformando-os em alvos e perdendo minha paciência.

Nesse momento, vejo um grupo de Suburbans que ainda não tinha notado e, mesmo antes de chegar perto, vejo um engradado na traseira de um deles. Começo a correr. Vejo o motorista estremecer, enxugar a nuca e olhar para o outro lado, porque, como eu disse antes, ele não tem a mínima idéia de quem sou. Só o que sabe é que há um fuzileiro naval norte-americano correndo em sua direção gritando alguma coisa, enquanto o cachorro da mulher norte-americana parece ter enlouquecido e todo mundo na fila de carros agora está olhando para ele.

Lava tenta estraçalhar o engradado quando me vê, e a primeira coisa que percebo é que ele sujou tudo. Abro a traseira do Suburban e o solto, gritando com o motorista por não ter cuidado bem do *meu cachorro*. Mas o cara não entende o que está acontecendo. Pensa que se meteu em alguma encrenca e, quanto mais eu grito, mais ele transpira, e quanto mais transpira, mais eu grito, até que acho que ele vai começar a chorar.

Meus nervos estão em frangalhos e tento me acalmar ao ver que ele está prestes a sair correndo para salvar sua vida.

"Dê marcha à ré e saia da fila", digo, mas ele continua a suar e a olhar pelo espelho retrovisor, murmurando palavras em árabe para si mesmo ou para Deus, enquanto Lava faz xixi no estepe.

Repito, dessa vez fazendo gestos:

"Dê marcha à ré e saia da fila."

Eu quero que ele vá para a frente da fila. Mas ele está em pânico e não entende bem meu inglês, e, em vez disso, arranca para a frente. Eu perco a calma porque se ele atrair a atenção para si pode acabar sendo morto, e Lava e eu junto com ele.

Durante toda a vida adulta fui treinado para passar da quinta marcha para o automático quando o medo tomasse conta de mim. Se alguém grita, você grita mais alto. Se atira, você atira e não erra. Você não pode deixar que o medo o domine, não pode deixar aquela nuvem negra pairar sobre sua cabeça, porque você não vai ver mais nada e, se não reagir, a nuvem negra cobrirá seus olhos, você entrará em pânico e será melhor começar a rezar, porque isso é o fim.

Mas finalmente chegamos à frente da fila. Consigo me acalmar e orientar o motorista, enquanto caminho pela fila com Lava.

Mal posso acreditar no quanto ele cresceu, parece agora um cachorro de verdade. Enquanto caminhamos, os iraquianos que estão na fila começam a se afastar de nós imaginando que Lava é um cão farejador de bombas. Fico muito à vontade naquela situação.

Lava também está gostando. Noto isso claramente. Primeiro, ele se comporta comigo como se ainda fosse um filhotinho, saltando e tentando me dizer que a viagem foi horrível, mas, quando aquele mar de gente começa a se abrir para nos deixar passar, ele vai ficando mais sério e começa a mover a cabeça para os lados com ar de autoridade, para que todos saibam que ele está alerta. Em determinado momento, lembro-me do e-mail de Anne e dou ordem a Lava para se sentar. Ele sequer me olha. Simplesmente pára e se senta, olhando fixamente a multidão como se fosse um cão farejador. Tento fazer uma expressão severa, como se suspeitasse de alguma coisa, mas não tenho idéia do que um adestrador militar de cães diz a seu pupilo nesses momentos. Viro-me para ele e digo: "Lava, *busca*", tentando fazer com que pareça uma ordem oficial porque está todo mundo nos olhando e eu me sinto muito bem.

Quando chegamos ao início da fila, o motorista tenta explicar a um pequeno batalhão de guardas que cerca o veículo e lhe aponta suas armas que aquele fuzileiro louco com o cachorro — "Aquele ali!", dizia ele, apontando para mim com os olhos arregalados — tinha mandado que passasse à frente de todo mundo.

Eu ainda estou zangado com ele e penso por uma fração de segundo em encolher os ombros e dizer que nunca o vi antes. Também penso em fazê-lo devolver todo o dinheiro fácil que ganhou e voltar para casa — e deixo que ele perceba o que eu estou pensando. Ele percebe.

O mesmo acontece com os guardas, quando esfrego os atestados de vacina na cara deles e digo que aquele carro vai passar.

Caminho para o lado do motorista do Suburban e faço um sinal para ele. Ele não tem culpa de nada do que está acontecendo — a situação, o país, toda aquela guerra tão complicada. Ele não é soldado. Não é um homem-bomba. Talvez trabalhasse em alguma lavanderia antes de tudo começar.

"Obrigado, cara."

Olho para os quilômetros de seres humanos tentando escapar para a terra-de-ninguém e para os soldados iraquianos que, sem saber bem como empunhar as armas em seus uniformes camuflados fornecidos pelos Estados Unidos — grandes demais para eles —, fazem o possível para se mostrar valentes. Eles também não têm culpa. Estão com medo. Todos estamos. Só que alguns de nós têm tanto medo que não o demonstram.

"E... bem, desculpe."

Limpo a gaiola. Detesto a idéia de colocar Lava de novo lá dentro. Posso ver a expressão de confusão em seus olhos. Como se eu o estivesse traindo. E é assim que me sinto.

"Está tudo bem, Lava, vai dar tudo certo."

Mas eu pensei...

"Seja bonzinho."

Mas...

"Seja bonzinho com o motorista. Ele é boa gente. Breve nos veremos, prometo."

ESPERE...

Fecho a porta traseira do Suburban, bato na carroceria para que o motorista entenda que pode seguir e depois dou as costas.

Na manhã seguinte, já de volta à fronteira com a Síria, abro outro e-mail de Anne.

Ela avisa que o motorista conseguiu atravessar toda a terra-de-ninguém, mas, ao chegar ao posto de controle na Jordânia, foi mandado de volta.

"Lava está de novo aqui comigo", ela escreve.

Capítulo 26

Fevereiro de 2005

Fronteira com a Síria

Há dezenas de cães vadios no posto da fronteira em que estou. Não tenho idéia de onde podem ter vindo. Estamos no meio do deserto.

Todos são bastante ariscos, mas dou a ração R-2 a alguns deles e tento conquistar amigos. Nenhum me deixa chegar perto, por isso coloco a comida a várias dezenas de metros do posto e fico os observando comer enquanto o sol se põe.

Engraçado é que todos parecem iguais a distância, menos um, um macho preto de olhos dourados que imagino ser o líder do grupo, porque os outros olham para ele o tempo todo. Quando ponho a comida, ficam todos andando e ganindo na direção do horizonte, mas o macho preto simplesmente mantém-se sentado, olhando. Quando ele acha que já estou longe da comida o suficiente, levanta-se e caminha na direção dela, enquanto os outros ficam parados, observando.

Por ser sempre o primeiro a se aproximar, ele come antes dos outros. Todos estão famintos, mas o deixam comer primeiro. Se algum não agüenta a espera e chega muito perto da comida enquanto ele ainda está se alimentando, basta um olhar para que se afaste. Não há briga. Nem é preciso mostrar os dentes. Só aquele olhar tranqüilo.

E, sem exceção, todas as vezes o macho preto come um pouco e depois se afasta, como se estivesse aborrecido com aquilo, embora eu saiba que ele ainda não está satisfeito. Então, e só então, os outros atacam a comida até a última migalha. É como se soubessem que podem confiar nele para enfrentar o perigo em primeiro lugar e que podem confiar no fato de que ele deixará que todos comam. Assim, a matilha sobrevive.

Enquanto observo, começo a pensar nos soldados iraquianos que se encolhem e evitam o contato visual quando grito com eles por violarem o regulamento. Eles me deixam louco porque, por mais que eu grite dizendo que desrespeitar o regulamento prejudica a união do grupo, eles, mesmo assim, ainda roubam balas quando acham que não vão ser descobertos.

Aos poucos percebo que não quero submissão, apenas lealdade. Mas, para obter lealdade, primeiro é preciso que eu ganhe a confiança deles, e não consigo ganhar a confiança deles porque estou sempre explodindo e perdendo o controle.

Esse cão macho preto, no entanto, entendeu tudo. Basta um olhar e os outros o obedecem. Dou a ele o nome de Jacki the Iraqi e penso em adotá-lo algum dia.

Só não consigo entender de onde eles vêem. O mesmo acontece com os cães vadios do Acampamento Faluja. Onde nasceram e como foram parar no meio do nada?

Os filhotes que Matt Hammond e Lava encontraram no esgoto provavelmente nasceram de alguma cadela vadia apanhada nas armadilhas da equipe de controladores de animais, mas de onde veio a mãe? E a mãe dela?

Os filhotes tiveram sorte quando os fuzileiros os encontraram, penso eu; por algum tempo puderam se alimentar. Depois, um dia, o esgoto foi aterrado, como se alguém tivesse recebido ordem para matar os cachorrinhos e, sem coragem, tivesse coberto tudo com areia e ido embora.

Quando Matt encontrou o esgoto aterrado ainda podia ouvir os cachorrinhos choramingando, e por isso tratou de tirá-los dali junto com outros seis fuzileiros. Cavaram com as mãos, picaretas e pás, jogando terra e areia na cara um do outro, até que foi ficando escuro e alguns levaram lanternas para que os demais pudessem ver o que estavam fazendo. De repente, alguém gritou "Achei um!" e as lanternas focalizaram uma coisinha ainda viva. Aquela foi a situação mais parecida com um parto que já experimentaram.

Eles levaram os bichinhos para o alojamento e cuidaram deles durante algum tempo, mas um dia todo o grupo teve de se ausentar por algumas horas e alguém, obedecendo ordens, entrou no alojamento e os levou. Mais tarde, a justificativa foi "motivos sanitários".

Pelo menos não morreram enterrados vivos.

Não sei o que vai acontecer com esses cães vadios na fronteira depois de minha partida para os Estados Unidos. Creio que sobreviverão de algum modo. Mas, meu Deus, que maneira de viver, sempre com fome, sempre com medo, sempre caminhando para a morte por mais que tentem evitá-la, asfixiando lentamente — como se estivessem enterrados vivos.

E o que acontecerá com os cidadãos iraquianos quando formos embora? Ainda é difícil dizer se conseguirão escapar do buraco em que os enterramos, mas, se não conseguirem, não será porque não gritamos o suficiente com os soldados iraquianos vestidos em uniformes camuflados norte-americanos, e sim porque, desde o início, nunca confiaram em nós.

Quanto a Lava, está bem alimentado e bem treinado, mas não pode resolver sozinho sua situação. Ele é durão, mas não o suficiente.

Já é bem tarde quando envio um e-mail a Anne:

"Não se sinta frustrada demais com isso. Você fez tudo o que podia, até mais do que podia, para ajudar Lava e eu. Você não sabe o quanto lhe sou grato."

Depois disse que talvez a melhor solução fosse a eutanásia. Seria melhor do que deixá-lo morrer enterrado vivo.

Capítulo 27

Fevereiro de 2005

Fronteira com a Síria

A TRISTEZA GOSTA DE COMPANHIA, mas não creio que durante todo o tempo em que procuramos tirar Lava do Iraque ela tenha visitado John Van Zante. Enquanto o fracasso na fronteira da Jordânia explodiu em meu rosto, causando toda sorte de feridas internas das quais duvido que possa me recuperar, para John foi simplesmente um vento que passou soprando uma fina camada de poeira.

Não estamos conseguindo encontrar uma rota de saída para Lava, Anne vai partir de Bagdá em 24 horas, vou ficar retido aqui na fronteira com a Síria até minha volta para os Estados Unidos, em algumas semanas, e Lava não tem para onde ir. Apesar de tudo isso, recebo um e-mail de John cheio de entusiasmo e pontos de exclamação.

"Estamos esperando resposta hoje do pessoal do Canil Vohne Liche..."

De quem? De onde?

"Não quero lhe dar falsas esperanças, mas na quinta-feira, quando os contactei, eles pareceram não ver o menor problema..."

Lembro-me vagamente de que John mencionou um canil em Indiana ou alguma coisa assim, mas, no caos dos planos de fuga pelo Kuwait e pela Jordânia, não prestei muita atenção. Na época, era mais um dos tiros no escuro de John, mirado na mesma direção de suas cartas ao governador Schwarzenegger e ao presidente Bush.

"Em nosso último contato na quinta-feira, eles disseram que o proprietário, Kenneth Licklider, está muito entusiasmado com a possibilidade de dar uma mãozinha."

Reviro minha massa cinzenta para lembrar o que John disse antes sobre esse canil, porque preciso armar o quebra-cabeça, mas só tenho a lembrança ler algo sobre gente da Iams que conhecia alguém do canil e pediu informações sobre o que fazer para tirar um cachorro do Iraque. Não consigo, porém, lembrar direito — e fico imaginando — como o dono de um canil em Indiana pode me ajudar e, mais importante, *por que motivo*?

Acontece que Ken Licklider, o proprietário do Canil Vohn Liche, é um adestrador aposentado da Força Aérea dos Estados Unidos que prepara cães policiais para missões de perseguição, apreensão, busca e prisão. Sua especialidade é o trabalho de reação passiva a explosivos, e muitos de seus cães são usados pelos militares norte-americanos para farejar bombas no Iraque.

Seu canil em Indiana treina anualmente quatrocentos cães e 150 adestradores de vinte países diferentes. Ou seja, o cara é famoso pelo que sabe fazer com os cachorros. Forneceu segurança ao presidente Reagan, a três candidatos presidenciais, aos Jogos Olímpicos de Los Angeles, à visita do papa a Los Angeles, ao Federal Reserve e à Receita Federal americana.

Creio que o departamento de Estado considere um sujeito capaz de fornecer segurança ao papa e à Receita suficientemente competente. Por isso o contrataram para a segurança do presidente Karzai, do Afeganistão. Só para atestar a eficiência de Ken, o presidente continua vivo.

Assim, ao receber uma ligação de John falando dos fuzileiros que encontraram um filhotinho de cachorro em Faluja, do tenente-coronel que o levou clandestinamente para a base, da equipe de segurança do general-comandante e de alguns engenheiros da marinha que o esconderam, de uma jornalista norte-americana que agora toma conta dele em Bagdá e dos fracassos em todas as tentativas de tirá-lo do Iraque — o fracasso político, o fracasso do vôo militar, o fracasso no Kuwait e na Jordânia —, Ken não pensa duas vezes.

"Claro que posso. Consigo tirar um cachorro de lá", disse ele.

Ele, seus funcionários e seus cachorros vivem entrando e saindo do Iraque de avião.

"Basta colocar Lava num avião de transporte, com os cachorros e os adestradores", explica John.

Ken também diz a John que foi bom Lava não ter conseguido entrar na Jordânia, porque a maioria dos vôos dele chega e parte de Bagdá. Parece que tudo o que temos a fazer é levar Lava da Zona Vermelha para a base militar na Zona Verde, e dali em diante eles se encarregam de tudo.

Parece simples demais.

Capítulo 28

Fevereiro de 2005

Bagdá

Anne está em Bagdá preparando-se para ir para o Egito tão preocupada com Lava quanto eu, redigindo um de seus últimos artigos sobre como, dos 18 bilhões de dólares destinados pelos Estados Unidos à reconstrução do Iraque, somente 3 bilhões haviam sido pagos até então.

"...um grupo de 12 soldados norte-americanos se prepara para se aventurar além do muro de concreto à prova de explosivos, dos sacos de areia e do posto de controle que os separa da Zona Vermelha — o restante de Bagdá", ela relata, acrescentando que está com eles um empreiteiro dos Estados Unidos que o comboio militar foi designado para proteger.

O empreiteiro, com um capacete Kevlar e um colete, tem prazo até outubro para distribuir um auxílio norte-americano de 11 milhões de dólares para ajudar na recuperação de pequenas empresas em Bagdá. Mas, nos três meses em que está lá, só conseguiu documentação para cerca de 5 mil dólares em doações, porque a cada vez que sai da Zona Verde alguém tenta matá-lo.

Todos os dias, o empreiteiro sobe em uma viatura blindada, armada com uma metralhadora instalada no teto, e percorre a Zona Vermelha tentando repassar a verba. Quando encontra um possível favorecido, tem cerca de dez minutos para fazer a oferta, antes que alguém veja o candidato falando com um ocidental e abra fogo.

Antes da partida do comboio, Anne grava as instruções finais do comandante a seus 12 soldados: "Quando estivermos na estrada, quero ação imediata. Abriremos fogo com as pistolas quando o artilheiro puder identificar positivamente a fonte, e depois entraremos em..."

Seja como for, não sei o que Anne disse, não sei o que ameaçou fazer ou prometeu durante seus últimos dias em Bagdá, mas recebo um e-mail dela no último minuto dizendo que seu substituto, Anthony Kuhn, concordou em tomar conta de Lava na rádio durante as semanas seguintes, até que ele próprio se vá, em meados de março.

Duas semanas. Ganhamos mais duas semanas. Estou começando a me achar sortudo. E tremendamente bipolar.

Entro em contato com John para contar a novidade e mando uma nota a Ken Licklider, proprietário do Canil Vohne Liche, para me apresentar e dizer que Lava está pronto para sair do Iraque.

"Coronel", responde ele, "temos pessoal saindo no fim do mês e eles podem ajudá-lo. Estou entrando em contato com meu supervisor local na Zona Verde, o sr. David Mack, solicitando que faça todo o possível... por favor, certifique-se de que o cão tem atestado de saúde."

Sinto um arrepio percorrer minha espinha, porque não tenho certeza da legitimidade da documentação de Lava. Por isso, ao entrar em contato com David Mack, que trabalhou por três anos para o Vohne Liche no Afeganistão e no Iraque e gerencia as missões das equipes do canil no exterior, esqueço de mencionar o assunto.

ᘓ

Enquanto isso, Anne manda sua última reportagem de Bagdá, comentando que a rede de tevê estatal financiada pelos Estados Unidos está transmitindo uma série de confissões de rebeldes que afirmam que receberam verba e treinamento do governo da Síria.

Eles dizem ter sido treinados para o uso de explosivos e para decapitações. Dizem que receberam ordens de provocar o caos no Iraque e que cada um tinha de matar pelo menos dez soldados iraquianos. Recebiam um bônus de dez dólares a cada decapitação, desde que a gravassem em filme.

Não sei se Anne admitiria isso, mas ela *precisa* sair de Bagdá por um tempo. Ninguém pode ficar num poço de areia movediça sem acabar sendo tragado. Fico feliz por ela. Fico contente por sua partida, mas ainda me preocupo com Lava, afinal Anne o conhece há tanto tempo quanto eu e sempre se dedicou muito a ele.

Obrigado, Anne. Sei como foi difícil para você deixar nosso amigo. Muito obrigado.

ᘓ

John Van Zante, David Mack, Anthony Kuhn e eu iniciamos uma troca de e-mails para decidir como passar Lava de mão em mão até os Estados Unidos.

David: "Vamos tentar tirar Lava no fim do mês. Temos vários adestradores retornando por volta do dia 30, e vamos tentar arranjar para que eles o levem nessa ocasião."

Anthony: "Vou voltar para Londres na sexta-feira, 18. Minha colega Lourdes 'Lulu' Garcia-Navarro chegará a Bagdá na quinta, dia 17. Nosso produtor, Ben Gilbert, também está aqui. Lava está em boa forma e vamos fazer tudo o que for preciso para levá-lo em segurança à Zona Verde."

John: "...será que alguém do Vohne Liche pode entrar em contato com Jay ou o pessoal da rádio pelo celular para ver se eles podem organizar o transporte de Lava para a Zona Verde ou para a base militar na Zona Verde? Sabemos que o uso do celular é caro e não queremos pôr em perigo a segurança de ninguém, mas é melhor prevenir. Não quero ficar em uma situação em que Lava tenha como entrar no avião, mas não consiga chegar à base."

Eu: "John, tenho 99,9 por cento de certeza de que o pessoal da NPR não vai conseguir levar Lava à base na Zona Verde sem um passe. O cenário mais provável é que eles possam encontrar os homens do Vohne Liche na *entrada* da Zona Verde."

David: "Vou entrar novamente em contato com você quando precisar que Lava seja trazido para mim na Zona Verde... terei mais a informar dentro de poucos dias."

Em certo momento, Ben Gilbert, produtor da rádio NPR, entra na conversa: "Tem havido muito tráfego de e-mails sobre esse assunto e não tenho muita certeza de quem é quem..."

John: "Se estou entendendo direito, eis o que está acontecendo: Lourdes 'Lulu' Garcia-Navarro chegará a Bagdá no dia 17; Anthony Kuhn, da NPR, partirá dia 18 e Lava ficará na Zona Vermelha; David Mack, do Vohne Liche, quer que Lava seja entregue a ele na Zona Verde até o dia 29;

no dia 30, ou por volta dessa data, David providenciará o transporte de Lava para o Aeroporto Internacional de Bagdá, onde ele encontrará o pessoal do Vohne Liche que estará voltando para os Estados Unidos; uma vez embarcado, ele voará de Bagdá para Chicago; ao chegar em Chicago, Lava poderá ser recebido por alguém do Vohne Liche ou por um de nós."

Eu: "Obrigado, John."

John: "Já estivemos bem perto muitas vezes. Desta vez parece que realmente conseguiremos colocar Lava num avião e tirar suas patinhas peludas do Iraque... Tomara que sim!

Mas aí vem o golpe de misericórdia.

David: "Pode confirmar se Lava tem todos os documentos e certificados de vacina em ordem? Recentemente tivemos um problema com as vacinas de um de nossos cães e o veterinário militar demorou trinta dias para autorizar sua saída do país. Não quero que isso aconteça com Lava."

O golpe me atinge bem no plexo solar, porque todos, inclusive eu, vamos partir em breve — Lava não poderá esperar trinta dias.

Capítulo 29

Março de 2005

Shannon, Irlanda

São cinco horas da manhã num pub em Shannon onde um bando de fuzileiros ao meu redor, de braços dados, entoa canções folclóricas irlandesas, o que deixa o barman enlouquecido de raiva. Enquanto isso estou sentado fitando o fundo vazio do que deve ser meu terceiro ou quarto copo de Guinness, o líquido mais amargo que já bebi. Tenho certeza de que não passa de uma mistura de gasolina com melado, mas, como é preciso esperar pelo menos 12 minutos, levantando e abaixando o copo, até que o barman venha servi-lo de novo — e a essa altura você já está com muita sede e muito receio de que seus homens aprontem alguma confusão —, você praticamente se ajoelha e agradece quando é servido.

"E a banda tocava Waltzing Mathilda *quando o navio se afastou do cais..."** Juro que estou prestes a pedir aos rapazes que parem com a can-

---

* *Waltzing Mathilda,* canção folclórica australiana de origem desconhecida. Resgatada e tocada por "Banjo" Patterson em 1895, foi adaptada pela Primeira Divisão de Fuzileiros Navais dos Estados Unidos após a batalha de Guadalcanal, na Segunda Guerra Mundial, e transformou-se no hino oficial da Divisão. (*N. do T.*)

toria, mas estou impressionado com o fato de conhecerem tão bem a letra da música.

Peço outro copo e tiro a sujeira de minhas unhas com os dentes enquanto espero. A única coisa que trouxe comigo do Iraque é a sujeira, que talvez nem seja sujeira do Iraque, e sim do Kuwait, onde ficamos por três dias debaixo de uma tenda antes de voar para Shannon.

"E a banda tocava Waltzing Mathilda *quando paramos para enterrar nossos mortos..."*

Estamos voltando para casa. Acabamos de passar um ano ou mais respirando areia e estamos agora neste país úmido e verde como um oceano. Todos estão agitados devido à falta de sono, contentes por comer comida de verdade e poder fazer sexo novamente. Enquanto isso, o infeliz do barman serve a eles a primeira bebida alcoólica que tomam como homens livres, ouvindo-os assassinarem Mathilda. Meu Deus, temos que honrar nossas calças, não é? Imagino o que esses caras fariam se estivessem atrás do balcão de um bar ouvindo um bando de iraquianos bêbados cantando *Leaving on a Jet Plane.*

Não sei há quanto tempo deixei a fronteira da Síria para voltar ao Acampamento Faluja, depois seguir para o Kuwait e vir para cá. Dias? Semanas? Não sei. Não importa. Só quero tomar um porre e dormir um pouco. Estou cansado, meu corpo está sujo e comichando, como acontece quando você volta de uma patrulha no deserto e a poeira, a areia e a sujeira se misturam com o suor debaixo de seu colarinho e tudo o que você quer é entrar debaixo de um chuveiro e retirar toda essa sujeira. Tudo o que quero *agora* é um chuveiro.

Quando chego ao Acampamento Faluja ao voltar da fronteira com a Síria, Matt Hammond já está nos Estados Unidos para se submeter a múltiplas cirurgias em decorrência de seus ferimentos. Trinta e um Cães da Lava morreram no acidente de helicóptero, centenas de outros fuzileiros estão voltando para casa em caixas envolvidas com a bandeira americana e um novo grupo de jovens iraquianos está recebendo uniformes camuflados dos Estados Unidos.

"Para armar tendas e ganchos, o homem precisa ter duas pernas, não quero mais dançar com Mathilda..."

Se isso acontecesse há um ano, eu teria chegado ao Acampamento Faluja me sentindo como se tivesse voltado para a festa às quatro da manhã e encontrado a música tocando baixo e todos dormindo, bêbados. Um ano antes, eu teria achado que o "melhor" da guerra não estava mais em Faluja, mas em Bagdá, e teria feito todo o possível para ser transferido para lá. Mas agora estou um ano mais velho, o clima é de enterro e a única razão para ir a Bagdá é ver Lava mais uma vez. Fora isso, prefiro ir para casa o quanto antes.

Não estou fazendo planos para Lava na Califórnia. Não fico pensando onde ele vai dormir nem em que praias a entrada de cachorros é permitida nem a que veterinário vou levá-lo. Simplesmente preencho minha papelada, certifico-me de ingerir a quantidade adequada de calorias e tomo um monte de banhos por dia.

O plano de tirá-lo de lá de avião com o pessoal do Vohne Liche é simples demais. É fácil demais para eu acreditar que vai funcionar. Muita gente o ama, e ninguém, nem mesmo um Cão da Lava, pode ter tanta sorte.

Sorte. Desejamos a sorte, rezamos para tê-la, violamos regulamentos por ela porque, apesar de fazermos ordem unida, treinar e seguir o regulamento, somente ela permite que, por um décimo de segundo, você caminhe no limite e controle os acontecimentos irrefreáveis da vida.

"E a banda toca Waltzing Mathilda, *e os velhos ainda atendem ao chamado. A cada ano, eles são menos numerosos, algum dia ninguém mais vai marchar lá."*

Mas ninguém consegue ter sorte em tudo nessa vida. Essa tem sido minha teoria nos últimos dias. O fato é que ainda estou vivo, prestes a beber meu quinto copo de Guinness num pub na Irlanda às 5h45 da manhã, enquanto meus camaradas cantam cada vez mais alto. O barman está cada vez mais emburrado e eu estou cada vez mais bêbado. Resumindo, cheguei no fundo do poço.

Capítulo 30

Março de 2005

Bagdá

Em suas instalações na Zona Verde, David Mack examina a lista de documentos de Lava que Ben mandou por e-mail pela manhã. Será que são legítimos?

Ele percorre a documentação da perspectiva das patrulhas nos postos de controle que irão decidir o destino do animalzinho: ou ele entra na Zona Verde ou é mandado de volta. Entre os papéis, há um Atestado de Saúde Veterinário Internacional para Animais Vivos, expedido pelo Ministério da Agricultura da República do Iraque — um documento traduzido, assinado e autenticado, acompanhado pelo original em árabe — e um Atestado Internacional de Vacinação e Saúde para Cães.

"Isso é tudo o que tenho", escreveu Ben.

Tudo parece estar em perfeita ordem. David fica se perguntando como foi que eles conseguiram aquilo tudo.

No recinto reservado à rádio NPR na Zona Vermelha, Sam treina Lava em algumas belas jogadas do futebol, para que, quando emigrar para os Estados Unidos, faça bonito ao representar o Iraque.

O cinto de couro em seu pescoço ainda está grande demais, mas Sam diz que isso o destaca dos outros cachorros que vagueiam por Bagdá e que Lava deve usá-lo como se fosse um uniforme e se sentir orgulhoso.

"Lava está feliz", escreve Ben Gilbert.

Se Ben Gilbert conseguir fazer Lava passar pelo primeiro posto de controle entre a Zona Vermelha e a Zona Verde no dia 29 de março, encontrará David Mack na área de desfile de Saddam Hussein, perto do monumento Mãos da Vitória. Dali, David levará Lava num comboio particular até o aeroporto e o entregará a um treinador da Triple Canopy, Brad Ridenour, que partirá com alguns cães do Vohne Liche de volta aos Estados Unidos para um longo e merecido descanso da tarefa de farejar bombas.

Embora passar Lava pelo posto de controle entre a Zona Vermelha e a Zona Verde seja a parte tecnicamente mais difícil da operação de resgate, a viagem até o aeroporto vai ser de longe a mais perigosa. Um batalhão inteiro de fuzileiros patrulha a estrada de quatro pistas e cerca de dez quilômetros que vai da Zona Verde ao Aeroporto Internacional de Bagdá. No entanto, como a estrada é uma das principais rotas de suprimento para os militares norte-americanos e empreiteiros no Iraque, e por ela passam diariamente comboios de fuzileiros navais, homens de negócios e jornalistas, é considerada um "alvo vital" pelos rebeldes.

Só nos últimos dois meses, dezenas de pessoas foram mortas na estrada por explosões, franco-atiradores, homens-bomba, empresas de segurança e pelos próprios militares norte-americanos. É conhecida como a Estrada da Morte.

ᘓ

Nas instalações da NPR, o substituto de Anne, Anthony Kuhn, registra uma de suas últimas reportagens antes de partir de Bagdá. Trata da libertação de Giuliana Sgrena, a jornalista italiana seqüestrada pelos rebeldes logo antes da partida de Anne, e dos tiros que atingiram o Toyota Corolla que seguia a caminho do Aeroporto Internacional de Bagdá com ela e os dois homens que haviam negociado sua libertação.

Sgrena, que havia passado um mês em um quarto escuro, hóspede da Organização Jihad Islâmica, foi atingida no ombro por estilhaços. Um dos mediadores, Nicola Calipari, que estava sentado junto a ela no banco traseiro, levou um tiro na cabeça e morreu.

Dessa vez, porém, não foram os rebeldes. Foi um carro de combate norte-americano parado na estrada com a finalidade de proteger um comboio que levava ao aeroporto o embaixador dos Estados Unidos, John Negroponte.

"Na sexta-feira à noite, o presidente Bush falou pelo telefone do avião presidencial Força Aérea Um com o primeiro-ministro Silvio Berlusconi", relatou Kuhn, acrescentando que o presidente "lamentou" o incidente e prometeu uma investigação rigorosa.

"Políticos italianos criticaram o incidente e o jornal de Sgrena, *Il Manifesto*, anunciou que, em vez de comemorar o retorno de Sgrena, está agora planejando uma cruzada contra a guerra."

ᘓ

Ben Gilbert nos diz que um jornalista da rede ABC enviado a Bagdá ouviu falar de Lava e quer fazer uma reportagem sobre sua fuga. O jornalista, que possui credenciais para passar pelo posto de controle na entrada da Zona Verde, ofereceu-se para acompanhar Lava da NPR até David Mack, na área de desfile de Saddam Hussein, desde que sua emissora possa fazer uma reportagem exclusiva.

Sam prepara Lava e dá mais um banho nele.

Enquanto isso, estou encalhado nos Estados Unidos, na Base Pendleton, imaginando em que momento os acontecimentos mudaram tanto de rumo a ponto de eu considerar os Estados Unidos da América um lugar onde se pode ficar encalhado.

Mas ali estava eu, realmente encalhado, lendo todos aqueles e-mails e sem qualquer controle sobre os acontecimentos neles descritos. É como ler um livro: não posso fazer outra coisa para descobrir o fim da história a não ser virar a página.

CAPÍTULO 31

Março de 2005

Califórnia

JOHN VAN ZANTE PRECISA tomar as últimas providências para o vôo até Chicago, mas primeiro tem de terminar um e-mail aos jornalistas de San Diego sobre os perigos da Páscoa.

"Embora este comunicado trate principalmente das plantas do período da Páscoa, que são tóxicas para os animais de estimação... por favor, leiam minha nota que explica por que é uma PÉSSIMA idéia comprar coelhinhos e pintinhos para a Páscoa."

Parece que finalmente as coisas estão dando certo para Lava. Eles nunca estiveram tão perto de trazê-lo para os Estados Unidos.

"Lembrem-se de que os coelhinhos crescem e roem tudo, são sujeitos a doenças nos olhos, precisam que seu pêlo seja tosado e suas unhas cortadas e fazem xixi por toda parte!"

John não sai do telefone há três dias, falando com Kris Parlett, da Iams, e Ken Licklider, do Vohne Liche, para definir bem a estratégia: se Lava conseguir passar da Zona Vermelha para a Zona Verde, chegar ao

Aeroporto Internacional de Bagdá e, de lá, seguir para os Estados Unidos, os três estarão esperando por ele no aeroporto O'Hare, em Chicago. A parte mais importante da estratégia é levar a imprensa ao aeroporto de Chicago.

"Esses pintinhos lindos e fofos perdem toda a penugem, que é substituída por penas de verdade. Depois viram galinhas, que picam, cocoricam e fazem cocô."

"Quando os coelhinhos e os pintinhos crescem, seus donos os dão de presente a alguém, ou os abandonam, ou deixam de cuidar deles até que adoeçam e morram."

O que havia começado quatro meses antes como uma missão para atrair a atenção da imprensa para a campanha do centro Home 4 the Hollidays e para animais órfãos, transformou-se numa missão pessoal para tirar Lava do Iraque. Mas é mais do que isso.

Quando John ficou sabendo que a ABC estava interessada em fazer uma reportagem sobre a fuga de Lava, mandou por e-mail a todos uma lista de nomes — Anne Garrels, Anthony Kuhn, Lourdes Garcia-Navarro, Ben Gilbert e Brad Ridenour, o adestrador da Triple Canopy —, perguntando quem mais deveria receber agradecimentos publicamente.

Ben Gilbert respondeu quase imediatamente:

Alô, pessoal. Entendo que muita gente embarcou nesse projeto, mas realmente agradeceria, havendo algum tipo de coletiva à imprensa, se alguém mencionasse Sam, que tomou conta de Lava desde que ele chegou a Bagdá. Sam conseguiu as vacinas para ele. E também o passaporte e a carta do Ministério da Agricultura, e foi ao tradutor, que autenticou a carta. Trouxe biscoitos para Lava, um brinquedo e, o mais importante, brincou com ele, dando-lhe o amor e a atenção de que tanto necessitava. Sam também tentou organizar viagens anteriores de Lava por carro para a Jordânia, e se empenhou muito na tarefa de encontrar um meio de enviá-lo para os Estados Unidos... Portanto, meus parabéns a todos que contribuíram para o sucesso dessa empreitada, mas Sam cuidou de Lava durante todo o último mês e não está pedindo nada em troca.

Seria uma grande honra para ele ser mencionado na tevê norte-americana como um dos participantes dessa bem-sucedida operação.

Acho isso muito importante.

Acho mais importante mencionar o nome dele do que o da rádio NPR.

John ficou olhando para a tela do computador. Um ano antes os riscos da Páscoa pareciam tão mais importantes.

"Teremos muito prazer em trabalhar com você numa reportagem como essa. Não se trata de previsões negativas ou melancolia, mas alguns motivos reais pelos quais os coelhinhos e os pintinhos não são bons presentes de Páscoa."

Esses perigos agora parecem absurdos.

Capítulo 32

Abril de 2005

Califórnia

Certa vez ouvi alguém dizer que as pessoas passionais têm vidas violentas. Na época, não compreendi bem, mas, se isso significa que o amor surge de uma emboscada, anula nosso bem treinado sentido de controle e depois nos tortura até fazermos uma confissão que teríamos preferido não fazer, então agora entendo.

A primeira parte da confissão é que eu deixei Lava me conquistar. Abri a guarda, deixei aquele merdinha se aproximar e, depois, veio todo o restante, inclusive o medo. Acho que é o medo que está fazendo isso comigo. Talvez seja o que os psiquiatras chamam de estresse pós-traumático, embora eu só tenha voltado há uma semana, ou talvez seja apenas o resíduo dos comprimidos para dormir que ainda navega em minha corrente sangüínea, ou talvez algum desequilíbrio químico provocado recentemente por uma porção de coisas. Que outra coisa a não ser o medo poderia produzir tanto pânico assim?

Ansiedade, talvez. A ansiedade pressupõe menos culpa, contém menos ofensa, oferece mais que uma desculpa. Ou talvez obsessão, mas isso remete a uma vida inteira de receitas prescritas por um terapeuta e, além disso, nem todos os que se envolveram nesse resgate — os fuzileiros, os jornalistas, os iraquianos, o pessoal da segurança privada — podem estar loucos. Ou talvez estejam. Nada mais parece estar no lugar, e isso já há algum tempo.

Talvez seja apenas compulsão. Além dos pesadelos, das lembranças que chegam num instante, da melancolia, do alcoolismo e da depressão, eles disseram alguma coisa sobre uma desordem compulsiva que leva as células do nosso cérebro às mais tolas conjecturas, de verificar os e-mails recebidos a toda hora a rezar para que o telefone toque e contar quantos passos há entre uma parede e outra — e tudo parece inteiramente plausível.

Assim, tirar Lava do Iraque também parecia bem plausível, e seria isso um pecado tão grave depois que Alá, Jeová, Jesus, a Dama da Fortuna e Papai Noel deixaram claro que a tarefa não estava na lista das coisas que pretendiam fazer naquele ano?

Verifico o e-mail outra vez. Nada. Lá em Bagdá é meio-dia, aqui na Califórnia é meia-noite. E meu tempo interior não consegue se ajustar a nenhum fuso entre esses dois. Alguma coisa deve ter dado errado.

A segunda parte da confissão é que, quando você se permite sentir medo, é difícil livrar-se dele e, quanto mais você tenta, mais ele se apodera de você. Quatro meses antes eu não tinha medo de nada, pelo menos essa é minha impressão ao comparar aquele momento ao presente, quando sinto medo de tudo, inclusive da voz que sai de meu computador anunciando novos e-mails.

Acho que o que está me perturbando é ficar andando de um lado para o outro. Esses passos desenterram todo tipo de porcaria na qual não quero ficar pensando. Muitos rostos. Rostos estranhos, como num sonho. Os cães vadios que alimentei na fronteira com a Síria. Rostos de jornalistas que acompanhavam as tropas em Faluja, com terror gotejante como suor. Rostos de iraquianos esmagados nas ruas como bananas maduras debaixo de nossos coturnos, e a questão de saber se um rosto é realmente um rosto quando não há ninguém por trás dele.

Principalmente, o rosto daqueles que arriscaram a vida tentando salvar Lava. Esses são os que mais me perturbam. Acho que todos deixamos que aquele refugiado sarnento e pulguento entrasse em nós — como se o amor fosse algum germe sinistro pronto a causar infecção — e agora que todos fomos contagiados e estamos perto do fim, e que todas as outras rotas de fuga estão fechadas para sempre, acho que o mínimo que devo a todos é certificar-me de que Lava escapará vivo.

Talvez aquele merdinha já esteja morto. Ou talvez não tenham conseguido passar e ele agora esteja perdido pelas ruas de Bagdá, sem saber para onde foram todos. Rezo para que, se Lava não tiver conseguido passar, que pelo menos encontre um cadáver em Bagdá para mantê-lo vivo por mais um dia.

Isso me leva à última parte de minha confissão: quero Lava vivo. Não importa o quanto a situação esteja ruim, ainda vale a pena estar vivo. Quero acreditar que ele ainda está respirando, saltando atrás das nuvens de poeira e perseguindo inimigos imaginários em seus sonhos. Quero que ele fique vivo, porque, assim, ainda haverá esperanças de que consiga chegar à Califórnia e passe a ser um cachorro norte-americano que corre na praia e persegue o carteiro, em vez de desconhecidos com armas. Mais do que qualquer outra coisa, quero que ele fique vivo porque, devo confessar, antes de Lava eu era um fuzileiro de quem não se esperava qualquer reflexão sobre a vida e a morte. Eu carregava uma mochila repleta de cupons que valiam a absolvição. Agora, depois de conhecer Lava e deixar o medo tomar conta de mim, percebo uma vaga semelhança entre um assassino em série e eu.

Capítulo 33

Abril de 2005

Então, medo é isso. No fim das contas, tudo se resume a esperar um e-mail.

O medo nada tem a ver com a dor, com a condenação eterna ou a suspensão da existência. Não há artefatos explosivos caseiros nessa arena. Não há minas terrestres nem porta-merda vulnerável nem tempestades de areia que derrubam helicópteros.

A própria morte não tem muito a ver com isso, no fim das contas. Pergunte a alguém que já tenha feito essa viagem — os decapitados, os queimados, os despedaçados —, aposto que lhe passariam um sermão. A morte, meu caro amigo, é a morte. Garganta cortada, explosão, tiro. Num momento você está vivo; no seguinte, está morto. E quando isso acontece, quando você finalmente conhece aquilo que o preocupou a vida inteira, pronto. Não precisa se preocupar com mais nada.

O problema é o que fica entre uma situação e a outra. Toda a espera.

No prédio da NPR, Ben Gilbert põe Lava em um veículo com o operador de câmera da ABC. Eles escondem Lava (de maneiras que não podem ser detalhadas) porque nenhum animal pode passar da Zona Vermelha para a Verde. A segurança em torno da Zona Verde está mais rigorosa desde que um relatório das Nações Unidas denunciou "irregularidades" nas eleições, as manifestações se alastraram e os rebeldes lançaram morteiros contra a barreira de concreto da Zona Verde. Se chegarem ao posto de controle e o motorista não proceder como esperado, ou o carro for da cor errada, ou até se Lava soltar um peido, tudo estará acabado.

O veículo arranca. Sam dá adeus com um aceno de mão.

Enquanto isso, na cidade, uma bomba no acostamento de uma estrada mata três policiais iraquianos e fere cinco, um carro-bomba mata sete pessoas e fere nove, e mais tiros de morteiro são disparados contra a Zona Verde.

E eu começo a pensar, sentado aqui esperando o e-mail, se é isso que os homens-bomba dizem a si mesmos — que, como não podem controlar a morte, todas as outras coisas, menos a morte, são um desperdício de energia. Isto é, explodir a si mesmo deve doer, não é verdade? Mesmo que seja por uma fração de segundo, ainda haverá aquela fração de segundo a contemplar quando sua pele se separar dos ossos, o cérebro for para um lado e os dedos dos pés para outro e todas as formas de tortura imaginadas pelo homem se juntarem em um único momento que você foi programado para evitar desde que um espermatozóide encontrou um óvulo. Mas, mesmo assim, eles se matam. Desligam a fiação interna e puxam o detonador.

E você tem de perguntar: *Por quê?*

Imagino que simplesmente se cansem de esperar.

ᔓ

O veículo corre pelas ruas da Zona Vermelha sem parar, enquanto na Internet aparecem três iraquianos sendo executados porque trabalharam para as forças armadas norte-americanas. Um *memorandum* é distribuído à imprensa dizendo que um dos principais comandantes dos Estados Unidos no Iraque autorizou táticas ilegais de interrogatório, inclusive o uso de cães de guarda militares a fim de "explorar o medo dos árabes em relação aos cachorros".

ᔓ

O restante de nós simplesmente caminha para lá e para cá, verifica o e-mail, fita o computador e se preocupa com o que está sendo preparado para nós em alguma outra galáxia. Esperamos. Nos preocupamos. Esperamos.

ᔓ

O veículo avança lentamente na fila do posto de controle. O vapor dos canos de escape e do calor transforma o ar em mármore. O motorista olha para a frente. O cinegrafista olha pela janela contando os rolos de arame farpado.

Do outro lado da cidade, dezenas de rebeldes atacam a prisão de Abu Ghraib com carros-bomba e granadas no mesmo momento em que a

Guarda Nacional dos Estados Unidos anuncia ao país que vai reduzir as restrições de recrutamento e passará a aceitar qualquer candidato que tenha concluído o ensino fundamental.

ര

Espera.

ര

David Mack está de pé no ponto de entrega na Zona Verde, sob o monumento Mãos da Vitória — um arco triunfal formado por dois punhos que erguem duas espadas forjadas, com o metal derretido das armas dos soldados iraquianos mortos na Guerra Irã-Iraque, suspensas no ar a 46 metros de altura, nas quais os capacetes dos soldados iranianos feitos prisioneiros estão pendurados em uma rede. Os punhos que seguram as espadas foram modelados segundo a forma das mãos do próprio Saddam Hussein. O polegar de uma das mãos tem as impressões digitais de Saddam.

Mesmo num momento como este, temos de admitir que o monumento é significativo.

ര

Espera.

ര

Um cão farejador de bombas caminha em volta do veículo enquanto o guarda enfia a mão pela janela e verifica o passe do cameraman. O passe está em ordem; o perigo é o cão farejador acusar a presença de Lava.

Mas ele está procurando somente uma coisa. Como não a encontra, passa para outro veículo. O guarda registra o passe e acena, dando passagem para a Zona Verde, onde, naquele momento, o governo iraquiano se reúne por trás da barreira de concreto e prorroga por mais trinta dias o estado de emergência no país.

Espera.

O avião de Brad Ridenour aterrissa no Aeroporto Internacional de Bagdá. O avião de John Van Zante aterrissa no aeroporto O'Hare, em Chicago. Em Indiana, Ken Licklider verifica o relógio pela última vez.

Mais espera.

Os policiais iraquianos que patrulham a área de desfile observam um veículo que levanta poeira ao se aproximar do monumento Mãos da Vitória e pára. Observam um homem sair do carro e apertar as mãos de outro, observam os dois homens trocarem alguns papéis e vêem um cachorro saltar do carro.

Aproximam-se do veículo. Querem ver os papéis. Perguntam para que o cachorro está ali.

"É um cão farejador de bombas", responde um dos homens. "Vou levá-lo de volta para as instalações da empresa."

Eles examinam os papéis, examinam o cão, examinam mais de perto o rosto do homem.

Caminho de um lado para o outro enquanto o medo me persegue como um assassino.

Um grupo de veículos da Triple Canopy atravessa os dez quilômetros da Estrada da Morte em direção ao Aeroporto Internacional de Bagdá, a 110 quilômetros por hora. Dentro do carro estão David Mack, Lava em um engradado, pessoas que estão sendo levadas ao aeroporto e atiradores da Triple Canopy com coletes à prova de bala, que apontam as armas pelas frestas das portas e das janelas a fim de evitar que outros motoristas se aproximem.

Os veículos ultrapassam em grupo os carros mais lentos, invadem o acostamento e a contramão quando necessário. Doze pessoas morreram por causa de bombas à beira daquela estrada no mês anterior. Eles correm o mais rápido que podem.

"Siga adiante", dizem os panfletos. "Durma um pouco", dizem seus amigos. Você toma vitaminas, anda 60 a 80 quilômetros de bicicleta todos os dias, usa fio dental com regularidade e nada disso apaga os rostos, as partes que faltam e os olhos dos cães vadios que ficaram para trás, no deserto. Os que você nunca tocou.

Deixe de ter pena de si mesmo. Não trabalhe com máquinas pesadas. Em caso de overdose acidental, chame imediatamente o número de emergência.

A primeira coisa que Brad Ridenour vê ao descer do avião é David Mack na pista com Lava, perto de um caminhão Bongo carregado de equipamentos. Brad emagreceu tanto que David não o reconhece.

Nesse momento chega um e-mail. Mas, em vez de abri-lo, fico sentado ali, olhando o computador. E me pego pensando em coisas do tipo ser capaz de explodir a si mesmo por seu país e sentir-se melhor a respeito de tudo ao fazer isso.

Não; chego à conclusão de que somente me sentiria morto.

— Então, este é Lava — diz Brad.

— Ele mesmo — retruca David.

Abro o e-mail.

O Iraque fecha a fronteira com a Jordânia. Quatro jornalistas romenos são seqüestrados em Bagdá. Um jornal norte-americano importante informa que houve aumento nas "desordens mentais" entre os veteranos de guerra que estiveram no Iraque e no Afeganistão.

Leio o e-mail.

Carros-bomba matam mais 11 pessoas em Bagdá.

Às 16 horas, hora local, Lava deixa o Iraque...

Vinte soldados norte-americanos são feridos no ataque à prisão de Abu Ghraib.

Pela segunda vez em minha vida adulta, desabo e choro.

Capítulo 34

Abril de 2005

A história da chegada de Lava foi coberta pela mídia, mas alguns detalhes só eu conheço.

Brad Ridenour viajou com dois outros adestradores do Vohne Liche para Amã, na Jordânia, onde passaram pela alfândega sem maiores problemas. Pernoitaram em um dos poucos hotéis de Amã que permitiam cachorros, mas, como os cães tinham de ficar em uma garagem no subsolo, que o hotel já não usava mais para estacionamento (para reduzir a ameaça de carros-bomba), Brad passou a maior parte da noite lá embaixo.

A cadela de Brad, Vischa, tinha sete anos e já havia parido várias ninhadas, por isso não foi muito paciente com o cãozinho adolescente mal-educado que tinha aquela estranha coleira e que queria brincar o tempo todo. Ela pertencia à elite. Era uma Cadela Farejadora de Bombas. Ao receber ordens, sabia cumpri-las. Além disso, tinha uma coleira decente. Enquanto Lava saltava e puxava as orelhas dela, mordiscando-lhe as patas, ela abaixava as orelhas e encarava Brad como se perguntasse: *De onde saiu esse porcariazinha?*

De manhã, os adestradores foram deixados na empresa aérea Royal Jordanian, onde taxas extras mágicas e exorbitantes brotaram como cogumelos depois da chuva. Primeiro eles ficaram detidos por algum tempo em uma salinha onde lhes exigiram o pagamento de algumas taxas para permitir a entrada de cachorros no aeroporto. Depois passaram à alfândega, onde lhes cobraram mais taxas para permitir a saída dos cães do país. Quando finalmente embarcaram no avião para Chicago, não havia quase dinheiro com eles.

O vôo de Ken Licklider foi pontual e aterrissou em O'Hare. No terminal ele encontrou John Van Zante e Kris Parlett, que haviam chegado na noite anterior.

Com John e Kris havia um repórter cinegrafista do programa *Good Morning America*, da ABC, que mais tarde mostraria gravações com Ken, John e Kris recebendo Brad Ridenour no portão, depois dos três esperando na área de bagagem e finalmente do rosto de John se contorcendo quando o engradado de Lava aparece na esteira rolante. Mais tarde, John explica: "Ele apareceu na esteira junto com as outras malas, e foi aquele o grande momento, quando vimos o engradado."

Fiquei grato por eles não terem filmado boa parte do restante, ou talvez tenham achado melhor não transmitir. Por exemplo, John tentando descobrir se Lava falava inglês ou árabe; ou John levando Lava para fora do aeroporto e gritando: "Primeiro xixi em solo norte-americano!"; ou o comportamento de Lava quando chegou ao quarto do hotel, que foi descrito por John e confirmado por Kris da seguinte forma: "Correndo sem parar em volta do quarto em círculos. Saltando pelas paredes. Uau!"; ou a cara que fiz quando John finalmente me telefonou na Califórnia e disse: "Ele chegou, meu chapa. Está em segurança agora. É um cachorro *norte-americano.*"

Eu devia ter me candidatado a um Oscar por meu desempenho no dia seguinte, quando John e Lava voaram para San Diego e este seu criado, cercado por várias dezenas de repórteres, fotógrafos e operadores de câmeras, esperava por eles no Centro Helen Woodward para Animais, no Rancho Santa Fé.

Pessoalmente, não gostei muito que a imprensa estivesse lá. Sentia-me desconfortável, como se tivesse de dizer e fazer coisas que estavam além de minhas habilidades. Mas John Van Zante e o centro mereciam aquilo, por tudo o que haviam feito por Lava e por mim. Se aquela história representava mais publicidade para a missão deles, era o mínimo que eu podia fazer.

Enquanto esperávamos que a van chegasse do aeroporto, repórteres se juntaram em semicírculo em torno de mim, fazendo perguntas.

— Coronel, qual foi a última vez que o senhor viu seu cachorro?

— Acho que foi há dois meses.

— O senhor esteve em perigo alguma vez, tentando resgatar Lava?

— Eu? Não. Outras pessoas, no entanto...

— Pode dizer como se sente agora?

— Como me sinto? Humm....

— O que o senhor diria às pessoas que poderiam sugerir que seu tempo seria mais bem empregado salvando pessoas, em vez de um cachorro?

Mantive a calma. Sorri. Meu rosto, sem expressão como o da estatueta do Oscar, nada revelava. Na verdade, nada havia a revelar, porque, durante todo o tempo em que estive no Iraque, procurei desesperadamente não pensar muito naquilo. Agora, no momento crucial, quando tudo tinha de se revelar diante do público e *significar* alguma coisa que não constrangesse Van Zante e o centro, eu não tinha nada a dizer.

Olhei para um ponto vago e distante e tentei fingir que estava pensando em uma resposta profunda, mas a única coisa que me veio à mente para aqueles que pudessem questionar como empreguei meu tempo no Iraque foi que nós não estávamos lá para salvar ninguém, não era nossa tarefa, e se fosse, deveriam enviar navios cheios de ativistas da paz para lá, a fim de tentar fazer com que os rebeldes passassem a gostar de nós.

Mas não seria possível dizer essas coisas em voz alta e ser aplaudido.

Além disso, Lava não era um menino iraquiano que os rapazes encontraram abandonado ao entrar naquele prédio. Alguém poderia imaginar que iríamos deixar que um menino assim morresse? Se, em vez de Lava, tivesse sido uma criança, nós a pegaríamos, daríamos nossas sobremesas, entregaríamos a alguém da Cruz Vermelha e pronto: os Cães da Lava virariam heróis instantâneos, do tipo "basta acrescentar água quente", exatamente do jeito que nós, norte-americanos, gostamos que eles sejam.

Mas Lava era apenas um cachorrinho sarnento e bobo, e eu teria de explicar que, embora nós, norte-americanos, queiramos heróis de cuecas limpas e música inspiradora para acompanhar a palavra Guerra, como aparece nos filmes — com nossos rapazes assobiando o hino nacional como pano de fundo enquanto marcham pelos campos de trigo da França —, as coisas não são bem assim. Nunca foram e nunca serão.

Felizmente, antes que eu tivesse de responder, a van chegou do aeroporto com Lava.

Consigo ver seu focinho através da janela e reparar o quanto ele cresceu nos dois últimos meses, mas a cara é a mesma, a expressão pateta no olhar é a mesma, a língua enlouquecida pendurada no canto da boca é a mesma. Ao ouvir as câmeras clicando atrás de mim, penso em como deveria agir num momento daqueles.

É claro que não vou perder o controle, por isso, quando Lava salta da van, pára, olha para os repórteres e me olha, lanço o olhar um pouco acima da cabeça dele para não ver a expressão de reconhecimento em sua carinha, não ver o passado e o futuro juntando-se em seus olhos, não ver Anne, não ver Matt, não ver aquele cãozinho dormindo com a cara enfiada em meu coturno. Se fizesse isso, se visse essas coisas, perderia imediatamente a compostura, e nenhum de meus camaradas do Corpo de Fuzileiros Navais dos Estados Unidos jamais voltaria a falar comigo.

O que percebo a seguir é Lava vindo ao meu encontro. Rápido. Quando ele corre assim, não consegue frear. Curvo-me para agüentar o choque e é aí que vejo aquela expressão em seus olhos que ninguém mais enxerga, mas que não é um olhar de saudade, abandono ou medo.

A expressão dos olhos de Lava ao saltar em minha direção tão depressa quanto lhe permitem as pernas é uma versão mais madura do olhar dele para mim no dia em que o empurrei com o coturno pelo chão no posto de comando; uma evolução do olhar dele para mim quando entrei no posto dos Cães da Lava e ele fez aquele xixi de submissão; a segunda parte daquele olhar patético, suplicante, de quando eu o traí na fronteira com a Jordânia ao metê-lo de novo no engradado daquele motorista malvado.

E o que dizia a expressão daquele olhar que só eu via?

Vou dar um chute na sua bunda.

A filmagem mais tarde mostra um cão correndo em direção a um fuzileiro naval de ar sereno, em seu uniforme, que se abaixa, agarra o animal no meio do salto, ergue-se e gira o corpo com o rosto enterrado nos pêlos dele — basta que você adicione água quente, e pronto! Eis a resposta instantânea à pergunta.

Por que não empreguei meu tempo salvando gente, em vez de um cachorrinho? Não sei, não importa, mas pelo menos salvei *alguma coisa.*

Epílogo

A publicidade foi muito boa para o Centro Helen Woodward para Animais. John me disse que devido à atuação de Lava na campanha Home 4 the Holidays milhares de animais órfãos foram adotados naquele ano.

Cerca de um mês depois que voltamos, John Van Zante recebeu pelo correio uma carta interessante, que eu, de vez em quando, releio. Foi datada de 5 de maio de 2005, e era a resposta à carta que John havia enviado anteriormente a um dos senadores pela Califórnia, em fevereiro:

Prezado sr. Van Zante,

Obrigado por seu pedido de ajuda junto a uma repartição federal. Por favor, esteja certo de que seu pedido será examinado com grande atenção e que envidarei todos os esforços para ajudá-lo, segundo a legislação federal e os padrões éticos. No entanto, necessitarei de sua aquiescência por escrito antes de abrir uma investigação formal para seu caso.

Portanto, por favor, mande seu pedido de ajuda, por escrito e assinado, para [endereço]. Em sua declaração, por favor coloque seu nome, endereço, telefone, quaisquer números de identificação relevantes, como número do seguro social ou o número de registro de estrangeiro, uma breve descrição de seu caso e sua assinatura.

Mais uma vez, obrigado por entrar em contato.

Anne acabou voltando aos Estados Unidos após a viagem ao Cairo, onde passou algum tempo se recarregando com o marido e os cachorros. Logo, no entanto, partiu para fazer reportagens sobre corrupção e escândalos na Rússia. Ainda mantemos contato e ainda me preocupo com ela, porque agora voltou a Bagdá.

Matt Hammond voltou para os Estados Unidos e passou muito tempo recuperando-se das várias cirurgias na coluna e nas pernas. Agora estamos ambos trabalhando na Base Pendleton e, de vez em quando, jantamos juntos. Ele está completamente curado das lesões e diz que quer voltar ao Iraque para outra missão.

Ken Licklider voltou para Indiana e seu canil vai de vento em popa. Atualmente, ele é o maior treinador de cães para detecção de explosivos, cadáveres e narcóticos a serviço da polícia dos Estados Unidos. Se você é durão, valente e honesto, e gosta de cães, ligue para Ken; ele ainda precisa de funcionários.

Não sei o que aconteceu com os demais, como os Cães da Lava sobreviventes, Sam ou os soldados iraquianos que eu treinei, mas penso sempre neles. Quero que saibam disso. Pelo que sei, as coisas estão difíceis...

Quanto a Lava, ele está feliz, acredito. Ganhou uma coleira nova e agora só come rações caras para cães. Subimos montanhas, corremos pela praia e freqüentamos cafés ao ar livre à beira-mar, olhando as ondas e as pessoas que passam. Ele arranjou alguns amigos de quatro patas no parque que não sabem jogar futebol, e isso faz dele um cão exótico e legal.

Lava ainda é o resultado da experiência que teve. Não consegue ficar sentado nem mesmo por pouco tempo, come de tudo e depois vomita, salta quando ouve ruídos altos e me protege de ameaças que só ele entende. Por exemplo, quando passamos por uma pessoa que está na dela, na calçada, mas por algum motivo faz com que Lava pense no Iraque — talvez pela maneira de caminhar ou a roupa que veste — Lava fica total e completamente *selvagem*. Nessas horas, ele não está saltando nem fungando. Tampouco latindo para um desconhecido, como os outros cachorros. Ele vira um cão diabólico em modo de ataque, atirando-se para a frente com os dentes à mostra, tão excitado tentando atravessar o vidro da janela que se perde numa zona proibida a todos, inclusive a mim.

Lava freqüenta *várias* aulas de obediência para cães e está progredindo, mas ainda não foi diplomado em nenhum curso. Mas isso não importa. Eu também sou assim, em vários aspectos, e nós nos fazemos companhia à medida que a situação vai melhorando.

Além disso, acho que ele está me fazendo pagar por meu comportamento na fronteira com a Jordânia.

Agora Lava e eu temos uma nova família. No solstício do verão de junho de 2006, numa cerimônia discreta na ilha Catalina, casei-me com a mulher mais maravilhosa que conheço. Ela e o filho têm um cão mais ou menos da idade e do tamanho de Lava, e ainda um gato e um rato branco. Todos os animais são bons amigos e Lava passou a proteger meu enteado como costumava me proteger no Iraque — dorme com ele todas as noites.

AGRADECIMENTOS

POR ONDE COMEÇO? Falo somente de Lava e de como acabamos nos encontrando ou agradeço a Buck — esse é o meu amigo, tenente-coronel Ignatius "Buck" Liberto — por prorrogar seu tempo no Iraque, dando-me assim a oportunidade de encontrar Lava? Ou agradeço ao coronel J. C. Coleman, chefe do Estado-Maior da Primeira Força Expedicionária de Fuzileiros Navais, que me "voluntariou" para servir com o exército iraquiano durante a batalha de Faluja? Muita coisa ficou confusa durante o ano que passou após minha volta do Iraque. Afinal, se Buck não tivesse ficado no Iraque mais seis meses do que deveria e se o coronel Coleman não me tivesse indicado para ser o oficial de ligação com os iraquianos, Lava e eu jamais nos teríamos encontrado. E, afinal de contas, é disso que esta história trata. Certo?

Talvez as pessoas com quem eu tenha maior débito de gratidão sejam as que efetivamente salvaram aquele vira-lata sarnento e pulguento. Gente como a equipe de segurança de nosso general-comandante. Entre eles, o sargento Matt Hammond, que, mesmo gravemente ferido, não deixou ninguém que ele achava que pudesse fazer mal a Lava aproximar-se do cãozinho, e que brincava com ele todos os dias durante a convalescença, quando deveria ficar no hospital e, em vez disso, cuidou do animalzinho. Ou Anne Garrels, a brilhante jornalista da Rádio Pública Nacional muito ocupada tentando reportar a guerra e as eleições sob fogo inimigo, mas que sempre encontrou tempo e energia para lidar com um cãozinho indisciplinado e que finalmente organizou sua "liberdade condicional" do Iraque. Talvez o agradecimento deva ir para Sam, o iraquiano que, com fidelidade "canina", fez milagres para conseguir o passaporte internacional de Lava e biscoitos de cachorro, e ainda arranjou tempo para ensiná-lo a jogar futebol. Sam não podia vir para os Estados Unidos, mas fez tudo o que estava a seu alcance — mesmo arriscando a própria vida — para assegurar que Lava tivesse um lar na América. Sim, há muita gente a quem devo, especialmente cada um dos membros dos Cães da Lava do Primeiro Batalhão da Terceira Companhia de Fuzileiros Navais, que não mataram o bichinho a tiros quando essa seria a maneira mais rápida e conveniente de aliviar suas tarefas rotineiras. Em vez disso, mostraram que, mesmo no inferno — que foi no que Faluja se tornou —, era mais importante demonstrar humanidade cuidando de Lava quando ele era apenas um cãozinho de cinco semanas.

Preciso agradecer a todo o pessoal do Canil Vohne Liche e da Triple Canopy Security, que nunca se desviou da rota desde que meus bons amigos Mike Arms e John Van Zante, do Centro Helen Woodward para Animais, em San Diego, os designaram para executar a "Operação vamos fazer". E onde estaria Lava se não fosse a generosa oferta da empresa de alimentos caninos Iams e de Kris Parlett, que pagaram a viagem de volta? Também quero agradecer ao adestrador de Lava, Graham Bloem, da West

Coast K9, cujo dom para treinar animais transformou um filhote problemático em um companheiro maravilhoso, brincalhão e amável. Sim, agradeço a todas essas pessoas.

Porém, mais importante ainda, todos temos uma dívida de gratidão para com os jovens, homens e mulheres, que fizeram o sacrifício final na guerra global contra o terror. Eles se expuseram a perigos sem hesitação, e vidas promissoras foram prematuramente ceifadas. Desde que voltei do Iraque, tenho comparecido com relutância a muitas cerimônias fúnebres para muitos jovens fuzileiros navais — muitos dos quais tinham idade para ser meus filhos. Digo que participei com relutância não porque não quisesse homenagear esses heróis norte-americanos, mas porque considero uma tragédia que tantos exemplos brilhantes de todas as qualidades que admiramos nos seres humanos — bravura, honradez, integridade — e de tudo o que esperamos que nossos filhos um dia venham a ser tenham sido tirados de nós. O tempo não ajuda quando se trata dessas cerimônias. Na verdade, é cada vez mais difícil permanecer alheio. Fico afastado nessas ocasiões, para que os jovens fuzileiros que algum dia poderão arriscar a vida, como eu fiz, não vejam o velho guerreiro amolecer. E faço isso para poder olhar para dentro de mim mesmo e refletir, sabendo o quanto minha família sofreria se fosse eu quem não voltasse para casa e desejando poder fazer alguma coisa — qualquer coisa — para aliviar a dor das famílias que perdem um filho, um irmão, um pai. Mas as palavras não curam as feridas. Somente o tempo consegue isso. Minha esperança é que algumas dessas famílias leiam este livro e vejam que nem tudo é em vão. Que mesmo na morte há esperança de uma nova vida. Uma nova vida que foi dada a meu melhor amigo, Lava.

George Orwell disse: "As pessoas dormem tranqüilamente em sua cama à noite somente porque homens rudes estão dispostos a usar de violência para protegê-las." Todos nós devemos agradecer a todos esses homens rudes que se sacrificam para que possamos viver em paz e segurança nos Estados Unidos.

Por fim, e não menos importante, quero agradecer à minha co-autora, Melinda Roth, por todo o trabalho, dedicação e disposição para tolerar minha falta de propensão a me abrir. Obrigado também por sua capacidade singular de finalmente conseguir que eu me abrisse. Obrigado, Melinda, por sua brilhante redação e por dar vida à história de Lava nestas páginas. À minha agente, Julie Castiglia, obrigado por acreditar neste projeto e por lutar para transformar esta história em realidade. Você é uma mulher que possui paixão e graça. Finalmente, obrigado à minha editora nos Estados Unidos, Ann Treistman, que se apaixonou pelo livro e por Lava e que com tanta competência transformou nosso manuscrito cru em uma leitura atraente.

Espero que você tenha apreciado a história de Lava e a viagem que ele fez. Agradecemos a todos que leram essa história e apóiam os jovens — homens e mulheres — que vestem os uniformes das Forças Armadas dos Estados Unidos.

Bibliografia

Agostine, Luis R. "Marines Assist Iraqis Recover Remains of Fallujah Conflict". *Marine Corps News*, 19 de novembro de 2004.

Al Jazira. "Aid Finally Reaches Fallujah Civilians". 27 de novembro de 2004.

_____. "Fallujah Women, Children in Mass Grave". 24 de novembro, 2004.

_____. "U.S. Uses Napalm Gas in Fallujah — Witnesses". 28 de novembro de 2004.

Ali-Ali, Zaid. "Corruption and Mismanagement Creat Economic Catastrophe". *Al-Ahram Weekly*, 7 de abril de 2005.

American Forces Information Service. "Violence Escalates as Crackdown on Insurgents Continues in Iraq". Comunicado de imprensa, 8 de janeiro de 2005.

Arabicnews.com. "On the Shiite Celebration of Ashoura, Iraqi Border Crossings Closed". 11 de fevereiro de 2005.

_____. "Bloody Day in Iraq, 30 Were Killed on Monday". 8 de fevereiro de 2005.

Associated Press. "Insurgent Attacks Across Iraq Kill Eight". 28 de março de 2005.

_____. "Iraq Police Say Attacker Seems to Have Down Syndrome". 31 de janeiro de 2005.

_____. "70 Parties Registered for Iraqi Elections". 11 de dezembro de 2004.

_____. "Weather Suspected in Deadly Marine Crash". 26 de janeiro de 2005.

Assyrian International News Agency. "Al-Qaeda Vows to Continue Iraq Holy War". 1 de fevereiro de 2005.

Baker, David. "Contractors Hunker Down and Await Outcome of Elections". *San Francisco Chronicle*, 28 de janeiro de 2005.

Barnard, Anne. "Fear Clouding Election in Sunni Area". *Boston Globe*, 27 de janeiro de 2005.

Barrett, Barbara. "Iraqi Veterinarian Moves to N.C. After Working at Baghdad Zoo". Associated Press, 16 de julho de 2005.

Basu, Moni. "War Ravages Once-Thriving Baghdad Zoo". *Atlanta Journal-Constitution*, 7 de maio de 2003.

Beringer, Daniel. "The Other Army". *The New York Times*, 14 de agosto de 2005.

Bowman, Tom. "Pentagon Struggles to Maintain Elite Soldiers in Military Service: Pentagon Competing With Security Companies for Skilled Commandos: Extra Pay of Up to $150.000". *Baltimore Sun*, 23 de janeiro de 2005.

Brookes, Julian. "Dirty Warriors for Hire". *Mother Jones*, 6 de dezembro de 2004.

Browne, Anthony. "War Takes its Toll on the Garden of Eden". *Times/UK*, 28 de maio de 2003.

Cambanis, Thanassis e Stephen Glain. "As Insurgent Attacks Increase, So Do Contractors' Costs". *Boston Globe*, 4 de abril de 2004.

Capaccio, Tony. "Contractor Death Toll Mounts". *Bloomberg News,* 25 de março de 2005.

Castelfranco, Sabina. "Italian Newspaper Says Its Reporter Kidnapped in Iraq Alive". *Voz da América,* 9 de fevereiro de 2005.

Committee to Protect Journalists [Comissão de Proteção a Jornalistas]. "Italian Journalist, Abducted". 4 de fevereiro de 2005.

_____. "Journalists in Danger: Facts on Iraq". 2003.

Corpo de Fuzileiros Navais dos EUA. *Convoy Operations Handbook.* 26 de setembro de 2001.

Cox, Lillian. "Marine Dogs' First Service came During World War II". *Union Tribune,* 2 de fevereiro de 2005.

Daraghi, Borzou. "Fallujah Voters Still Scattered by War Trauma". *Washington Times,* 13 de janeiro de 2005.

_____. "Servants — and Weapons — of War: U.S. Forces Rely on Dogs to Detect Bombs in Iraq. Insurgents Rig Them With Explosives". *Los Angeles Times,* 10 de agosto de 2005.

Departamento de Estado dos EUA, Bureau de Programas de Informação Internacional. "Operations in Fallujah, Iraq". 18 de janeiro de 2005.

Departamento do Exército dos EUA. "Clerkship — Department of Defense Military Working Dog Veterinary Service Hospital. Documento de informação, 30 de setembro de 1993.

Fam, Mariam. "11 Local Soldiers Killed on Video". Associated Press, 29 de outubro de 2004.

Fisher, William. "Private Security Costs Deter Some Contractors". Inter Press Service News Agency, 6 de dezembro de 2004.

Gadrow, Jeremy. "MCLB Marines Use Four-Legged Reinforcements". United States War Dogs Association, 13 de maio de 2003.

Garrels, Anne. "A Day in the Life of Bravo Company". NPR, 11 de novembro de 2004.

______. "A Marine Unit's Experience in Fallujah". NPR, 22 de novembro de 2004.

______. "A Super Bowl Respite for Iraqi Soldiers". NPR, 8 de fevereiro de 2005.

______. "Attacks on Rise Before Elections". NPR, 27 de janeiro de 2005.

______. "Blast Kills 21 Outside Iraqi Army Recruitment Center". NPR, 8 de fevereiro de 2005.

______. "Broadcasts Allege Syria Trained Iraqi Rebels". NPR, 25 de fevereiro de 2005.

______. "Iraq Grapples With Corruption Problem". NPR, 16 de fevereiro de 2005.

______. "Marines Await Call to Attack Fallujah". NPR, 7 de novembro de 2004.

______. *Naked in Baghdad*. Nova York: Farrar, Straus e Giroux, 2003.

______. "NGO Struggles to Spread Grants in Baghdad 'Red Zone'". NPR, 22 de fevereiro de 2005.

______. "Pockets of Resistance Persist n Fallujah". NPR, 16 de novembro de 2004.

______. "Returning U.S. Troops Get Chillier Iraqi Reception". NPR, 22 de fevereiro de 2005.

______. "Shiites, Kurds Big Winners in Iraq Elections". NPR, 13 de fevereiro de 2005.

______. "Troops Find Munitions in Fallujah But Few Insurgents". NPR, 15 de novembro de 2004.

______. "Turnout High in Iraqi Elections. Tally Under Way". NPR, 31 de janeiro de 2005.

______. "U.S. Forces Meet Heavy Resistance in Fallujah". NPR, 9 de novembro de 2004.

______. "U.S. Forces Move Through Fallujah". NPR, 10 de novembro de 2004.

______. "U.S. Mounts Offensive South of Baghdad". NPR, 24 de novembro de 2004.

______. "U.S. Troops Push Southwards Through Fallujah". NPR, 12 de novembro de 2004.

______. "United Iraq Alliance Leads Early Poll Results". NPR, 1 de fevereiro de 2005.

Garretson, Craig. "Anti-Terrorism's Best Friend". *Cincinnati Post*, 31 de maio de 2002.

Garwood, Paul. "Security Concerns Delay Reconstruction of Iraq". Associated Press, 21 de maio de 2005.

Gaviria, Marcella. "Baghdad From a Bulletproof Window". *Frontline,* abril de 2005.

Gebracht, Robert. "Iraq: Civilian Contractors Shouldn't Wear Marine Corps Uniforms". *Marine Corps Times,* 28 de março de 2005.

Georgy, Michael e Kim Sengupta. "Iraqi Red Crescent Relief Convoy Make Their Way to al-Fallujah to Aid Population, Despite U.S. Obstruction". *Independent/UK,* 15 de novembro de 2004.

Giordono, Joseph. "Marines, Iraqi Forces Report Progress in Effort to Keep Out Foreign Fighters". *Stars and Stripes,* edição européia, 13 de janeiro de 2005.

Global Security. "The Green Zone". Global Security.org, 2000-2005.

Harris, Talek. "Job-Seeking Iraqis Face Death Threats". middle-east-online.com, 12 de fevereiro de 2005.

Herron, Alex. "Army 'Vets' Provide Support Throughout Al Anbar Province". *Marine Corps News,* 9 de julho de 2005.

Hirsh, Michael. "Follow the Money". *Newsweek*, 4 de abril de 2005.

Hoffman, Lisa. "A Mission to Reunite Fluffy the War Dog With His Human". Scripps Howard News Service, 16 de maio de 2003.

Iraqi Resistance Report. Traduzido e/ou compilado por Muhammad Abu Nasr, membro da junta editorial de *The Free Arab Voice*. 19 de novembro de 2004.

______. Traduzido e/ou compilado por Muhhamad Abu Nasr, membro da junta editorial de *The Free Arab Voice*. 28 de novembro de 2004.

______. Traduzido e/ou compilado por Muhhamad Abu Nasr, membro da junta editorial de *The Free Arab Voice*. 29 de novembro de 2004.

______. Traduzido e/ou compilado por Muhhamad Abu Nasr, membro da junta editorial de *The Free Arab Voice*. 12 de fevereiro de 2005.

______. Traduzido e/ou compilado por Muhhamad Abu Nasr, membro da junta editorial de *The Free Arab Voice*. 13 de fevereiro de 2005.

______. Traduzido e/ou compilado por Muhhamad Abu Nasr, membro da junta editorial de *The Free Arab Voice*. 29 de novembro de 2005.

Jaffe, Greg. "Fallujah Presents a Test of Resolve". *Wall Street Journal*, 8 de novembro de 2004.

Johnson, Tim e Yaser Salihee. "Friendly Fire Mistankenly Targets Private Security Vehicles". *Miami Herald*, 24 de novembro de 2005.

Johnson, William. *The Rose-Tinted Menagerie*. Londres: Central Books, 2002; Swaffham, Norfolk, Reino Unido: Heretic Books, 1990.

Jordan, Jamie. "Sergeant Hopes Heroic Hound Can Come to U.S.: Military Restrictions Keep Dog Stuck in Iraq After Serving in War". *Dallas Morning News*, 25 de maio de 2003.

Kaemmerer, T. J. "Marines Recover, Bury Enemy Remains in Fallujah". First Force Service Support Group, 18 de dezembro de 2004.

Krane, Jim. "Little Known About Lives and Deaths of Contractors". Associated Press, 29 de maio de 2005.

Kuhn, Anthony. "Iraq Update: Wounded Journalist Returns to Italy". NPR, 5 de março de 2005.

Langewiesche, William. "Letter from Baghdad: Life in the Wilds of a City Without Trust". *The Atlantic Monthly*, janeiro-fevereiro de 2005.

Madhani, Aamer e Colin McMahon. "Iraq Says Syria Is Aiding Guerrillas". *Chicago Tribune*, 8 de janeiro de 2005.

Mansoor, Safaal e Fadil Meethaq. "Rival Blocs Campaign in South". Institute for War and Peace, 25 de janeiro de 2005.

Margasak, Larry. "Contractors Received Millions of Dollars in 'Wild West' Cash Payments". Associated Press, 13 de fevereiro de 2005.

______. "Workers' Comp Can be Risky for Iraqis to Receive". Associated Press, 5 de abril de 2005.

McDonough, Chaliss. "Deadly Blast Targets Iraqi Army; Gunmen Attack Iraqi Politician". *Voice of America*, 8 de fevereiro de 2005.

______. "Iraq To Seal Borders During Shiite Religious Festival". *Voice of America*, 10 de fevereiro de 2005.

______. "Suicide Bombings Kill 27 in Two Iraqi Cities". *Voice of America*, 7 de fevereiro de 2005.

Meade, Russ. "PSD Marines Protect GC". *Marine Corps News*, 18 de março de 2005.

Michael, Maggie. "Iraqi TV Airs Tape of Purported Confession". 23 de fevereiro de 2005.

Miller, Christian. "Pasons Has Had Plenty of Contracts Worldwide, but Nothing Like This". *Los Angeles Times*, 24 de março de 2005.

Multi National Corps. "5 Iraqi Police, 8 Others Wounded in VBIED Attack". Comunicado de imprensa, 5 de janeiro de 2005.

_____. "Iraqi Forces Discover Weapons Cache in Fallujah". Comunicado de imprensa, 18 de janeiro de 2005.

Multi-National Force. "Fallujah Update; Insurgent Chemical/Explosives Weapons Laboratory". Comunicado de imprensa, 26 de novembro de 2004.

Myers, Lisa. "Contractor Employees Say Brutality Against Iraqis Led Them to Quit". *NBC News*, 15 de fevereiro de 2005.

_____. "Private Security Contractors Largely Unregulated". *NBC News*, 16 de fevereiro de 2005.

Neff, Joseph e Jay Price. "Security Contractors in Iraq Pumping Up Costs". *Raleigh-Durham News & Observer*, 24 de outubro de 2004.

Parker, Ned. "Death in Fallujah Rising, Doctors Say". Reuters, 17 de novembro de 2004.

Perry Toni. "Miles of Barren Iraq-Syria Desert Dotted with Smugglers, Insurgents". *Los Angeles Times*, 13 de fevereiro de 2005.

Pessin, Al. "Controversy Continues Over Readiness of Iraqi Forces". *Voice of America*, 4 de fevereiro de 2005.

Peterson, Scott. "A Marine Company and a Month in Fallujah: Marines Talk of Guns and God on the Front Lines". *Christian Science-Monitor*, 10 de dezembro de 2004.

Pincus, Walter. "Panel Seeks Intelligence Culpability". *Washington Post*, 2 de abril de 2005.

Prickett, Christi. "Mortuary Affairs Offers Hope to Families, Respect to Fallen". Marine Corps News Service, 10 de setembro de 2003.

Quartel-general do Comando Central dos Estados Unidos. "Four Marines Killed in Action in Anbar Province". Comunicado de imprensa, 26 de janeiro de 2005.

______. "Marine Killed in Action South of Baghdad". Comunicado de imprensa, 15 de janeiro de 2005.

______. "One 1st. Infantry Division Soldier Killed, Two Wounded by RPG Attack". Comunicado de imprensa, 26 de janeiro de 2005.

______. "Two Soldiers Killed by IED Blast". Comunicado de imprensa, 18 de janeiro de 2005.

______. "Two Soldiers Killed in Al Anbar Province". Comunicado de imprensa, 18 de janeiro de 2005.

Quigley, Samantha. "Iraqi Security Forces Top Armed Services Hearing Agenda". American Forces Press Service, 3 de fevereiro de 2005.

Radio Free Europe. "Baghdad Governor Assassinated". 4 de janeiro de 2005.

______. "Bomb Kills 14 Near Baghdad Shi'a Mosque". 25 de janeiro de 2005.

______. "Iraq Car Bomb Kills Over 17". 12 de fevereiro de 2005.

______. "Iraqi Judge Assassinated in Baghdad". 25 de janeiro de 2005.

______. "Pre-Election Violence Continues In Iraq". 7 de janeiro de 2005.

______. "Sixteen Killed In Attacks Around Iraq". 17 de janeiro de 2005.

______. "Truck Bomb at Iraqi Mosque Kills 13". 11 de fevereiro de 2005.

Regan, Tom. "Iraq is Becoming 'Free Fraud' Zone: Corruption In Iraq Under U.S.-Led CPA May Dwarf U.N. Oil-for-Food Scandal". *Christian Science Monitor*, 1 de novembro de 2005.

______. "Operation Kickback?" *Christian Science Monitor*, 16 de março de 2005.

Reitman, Janet. "Fortress of Fear: Baghdad Militarized 'Green Zone' May as Well Be Suburban Maryland". *Rolling Stone*, 11 de agosto de 2004.

Rhem, Kathleen. "Iraq Making Strides In Training, Equipping Security Forces". American Forces Press Service, 4 de fevereiro de 2005.

Ridolfo, Kathleen. "As Washington Accuses Syria Of Providing a Haven to Militants, Marines Try to Halt the Flow of Fighters and Weapons Into Iraq". Radio Free Europe/Radio Liberty, dezembro de 2004.

Scharnberg, Kirsten. "Contractor Death Toll Unclear". *Chicago Tribune*, 24 de fevereiro de 2005.

Schlesinger, Robert. "The Private Contractor-GOP Gravy Train". *Salon*, 11 de maio de 2004.

Sefton, Dru. "Despite Military Rules, War Zone Pet Makes It to the States". Newhouse News Service, 23 de fevereiro de 2005.

Sicherman, Max. "Iraqi Elections; What, How and Who". Washington Institute for Near East Policy. *Policy Watch* 944, 24 de janeiro de 2005.

Spinner, Jackie e Omar Fekeiki. "Troops Secure Much of Fallujah". *Washington Post*, 11 de novembro de 2004.

Tavernise, Sabrina. "Caught in Rebels' Cross Hairs: Iraqis Working for Americans". *The New York Times*, 18 de setembro de 2004.

Trabelsi, Habib. "Iraqi Politicians Battle It On Arab TV Networks". middle-east-online.com, 25 de janeiro de 2005.

Triggs, Marcia. "Iraqi War Dog Gets to Retire with SF Handler". Army News Service, 20 de maio de 2003.

Unti, Bernard. "U.S. Military Treats Stray Dogs and cats Befriended by Troops as Enemies of State". Humane Society of the United States, 27 de maio de 2005.

US Customs and Border Protection. "U.S. Customs and Border Protection team Helps Secure Iraq's Borders". Comunicado de imprensa, 1 de fevereiro de 2005.

Wadhams, Nick. "Mortuary Unit in Iraq Trying on Marines". Associated Press, 27 de dezembro de 2004.

Washburn, Mark. "Keeping Iraq's Highways Clear and Safe". *Charlotte Observer*, 20 de março de 2004.

Whitaker, Brian. "The Other Army". *The Guardian*, 16 de junho de 2004.

Willard, Anna e Sue Pleming. "Only a Small Part of Iraq Rebuilding Funds Spent". Reuters, 6 de janeiro de 2005.

Yakin, Heather. "Military Dog Needs to Come Home". *Times-Herald Record*, 26 de fevereiro de 2005.

Youssef, Nancy. "Campaigning in Iraq Has Worsened Ethnic, Religious Tensions". Knight Ridder, 7 de janeiro de 2005.

www.editorabestseller.com.br

Este livro foi composto na tipologia
Book Antiqua, em corpo 10,5/18,5, impresso em
papel off-white 90g/m², no Sistema Cameron
da Divisão Gráfica da Distribuidora Record.